Meghan Cox Gurdon

〔美〕梅根·考克斯·戈登 著

薛玮 译

山西人民出版社

献给雨果（Hugo）

灵魂包裹在人类的声音之中。

——豪尔赫·路易斯·博尔赫斯

爱，并非天然就有。它就像面包一样是被制造出来的。

它还需要不断制造，让它常造常新。

——厄休拉·勒古恩

赞 誉

这本书展示了大声朗读对每个人都具有的不可思议的力量——不仅仅是对孩子……一本令人快乐的书，让你恨不得立刻冲向图书馆。

——英国《你的杂志》

一本鼓舞人心的书，会让你有给自己所爱的人读本书的冲动。

——英国《太阳报》

别拿起这本魔法书！恐怕你拿起来放不下。

——梅·福克斯（Mem Fox），《十个小手指和十个小脚趾》和《阅读的魔术》的作者

《魔法时刻》让我着迷，也给了我很多启发……梅根·考克斯·戈登的这本书以温柔友好的方式说服我们放下手机，与家人一起在阅读中开启生动的想象之旅。

——萨拉·艾文斯（Sarah Ivens），《森林疗法》的作者

无论是父母还是祖父母，都应该读一读《魔法时刻》，更重要的是，我们应该听取书中的智慧之言：给孩子们读书吧。让孩子爱上阅读可不只是学校的职责，更是我们的责任所在——这可是一种充满爱和关怀的美妙而神奇的行动。

——詹姆斯·帕特森（James Patterson），

国际畅销书作家，美国推理小说天王

梅根·戈登分享了很多今天的父母急需的智慧，帮助他们在这个注意力分散的时代培养出细心好奇的孩子。我相信这本书一定会受到读者的欢迎。

——罗斯玛丽·威尔斯（Rosemary Wells），

《露比与麦克斯》系列绘本作者

戈登令人信服地描述了与所爱之人共同阅读的重要性和乐趣……任何对阅读感兴趣的人，尤其是父母、老师、看护者和图书管理员，一定都能从这本激荡人心的书中收获快乐和奖赏。

——《图书馆期刊》重点书评

在戈登诚意奉献的处女作中，她发自内心地呼吁大家重视朗读……鼓舞我们和亲人分享阅读的幸福。

——《科克斯书评》

写在前面

这本书最初的构想来自 2015 年我为《华尔街日报》写的一篇文章——《朗读是给人类的伟大恩赐》，而这篇文章来自我 20 多年来每晚为孩子们朗读，以及我十几年担任《华尔街日报》儿童图书评论员的经历。本书中保留了该文章以及其他为《华尔街日报》所撰写的文章，此外，笔者把自己 21 世纪初所写的有关家庭生活的幽默小品文稍做改动，也编进了本书。

在书后的致谢部分，笔者向所有为本书慷慨提供专业意见的人表示了感谢。本书中出现的任何数据错误或误读，那都是笔者的过失，而非他们的过失。本书中所出现的人物都是真实的，笔者忠实地记录了他们的谈话（部分有省略或整理，这样阅读起来更清晰明了），但为了保护个人隐私，名字多用假名。书中的对话力求真实，笔者已经最大限度地贴近了记忆、录音和当时的记录。为了简洁，笔者在书中多用“家长”这一称谓来指代为孩子读书的成年人，但实际上除了父母，阿姨、叔叔、表兄表姐、哥哥、姐姐、老师、保姆，或者是热情的邻居都可以给孩子讲故事，所以“家长”也包括他们。另外，按照传统（也是为了简洁），笔者多用代词“他”来指代所有孩子，无论男女。

一本书一旦将个人回忆、历史、艺术、文学与以科学为依据的倡议糅合在一起，势必会忽略某些观点、某些思想家和某些事件，这本书亦是如此，希望读者们能原谅笔者在所难免的疏漏。书后所列出的阅读书目也委实难以做到“无所不包”。该书目并不是朗读“好”故事的完全攻略或指南，也谈不上绝对客观公正，因为其中所列的书只是我和孩子们最爱的读物。不同的家庭会喜欢不同的书，这也未尝不可。我们又不是生活在《梅格时空大冒险》中邪恶的卡马卓兹星球上，所有人只能服从命令。喜欢的就读，不喜欢的就忽略，读书本来就应该是这个样子。重要的是你要去读——而且是大声朗读。

目 录
contents

前 言

朗读是无与伦比的体验。当一个人给另一个人读书时，一种神奇的炼金术就发生了，它把生活中司空见惯的东西——一本书、一段声音、一个坐的地方和一点时间——变成了心灵、思想和想象力的惊人燃料。

“当我们爱的人给自己读书的时候，我们会放下心中的戒备，”小说家凯特·迪卡米洛（Kate DiCamillo）告诉我，“我们在温暖与光芒中相互依偎。”

她说得没错，脑科学与行为科学的最新进展也逐渐为我们揭开了这层神秘的面纱。这些研究伴随着我们生活方式的重大改变而出现并非巧合。这是因为研究中所用的能够观察到人类大脑内部活动的科学技术，恰恰也让人类感到迷茫与混乱，而且它似乎在重塑人类的大脑。我们所处的时代被称为“大脱节”的时代[①]，很多人受到了电子产品的消极影响。电子产品在给我们带来无数便利的同时，也让我们更难专注，更难

① 心理学家凯瑟琳·斯坦纳-阿黛尔（Catherine Steiner-Adair）写过一本关于养育的书，书名是《大脱节：在数字时代保护童年及家庭关系》（*The Big Disconnect: Protecting Childhood and Family Relationships in the Digital Age*）。——原注

从看到和读到的内容中抓取信息，即使在陪伴最爱的人时我们也会心不在焉。生活在这样的时代，我们需要改变我们对大声朗读和它的作用的理解。朗读故事不仅仅是我们儿时简单舒适的消磨时间的方式，可有可无，我们应该认识到，它能带来巨大的改变，甚至能削弱电子时代的负面影响。

对于大脑飞速发育的婴幼儿而言，没有什么比听故事更能促进大脑的生长。因此，本书的大量篇幅都是有关婴幼儿的。听故事对他们所产生的效果可谓立竿见影，也最为显著，因此大部分研究都是以婴幼儿为研究对象。边听故事边看图片能够刺激儿童深层次的脑网络，最大限度地促进认知能力的发展。而且，对于孩子而言，听故事也是一个陪伴的过程，它能培养孩子的同理心，极大地促进孩子语言能力的发展，让他们在入学时能遥遥领先。婴幼儿期听故事的意义尤为重大：那些听了很多故事的学步儿童长大后与人的关系更亲密，专注力、情绪复原能力和自控力也更强。有很多科学研究都证实了这一点，以至于社会科学家现在认为，小时候是否听了很多故事是决定一个人未来发展的最重要因素之一。

但如果把朗读仅仅归结为对孩子有益就是大错特错，它是深层次的情感交流，所以每个人都会从中享受乐趣，获得收益。听别人读书或者自主阅读的青少年和成年人或许并没有得到科学家的太多关注，但毋庸置疑的是，他们也在思维水平、情感、文学乃至灵性等方面受益颇多。身心俱疲的中年人要操心太多事情，经常忙得焦头烂额，抽出时间来大声朗读就好比是心灵的安慰剂。对于上了年纪的人来说，朗读能带来如此多的慰藉和鼓舞，其功效堪比滋补保健品或者一剂良药。

我们想要的东西太多，分分钟钟都不敢浪费。在高科技的时代，所有人都能从朗读中受益，对孩子而言，这是最刻不容缓的事情。许多孩子每天使用电子产品的时间长达9个小时，他们被各种高科技产品所包围——令人眼花缭乱的信息轮番轰炸他们，夺走他们的注意力，支配他们的眼睛和双手——他们需要我们成年人为他们读书，这是我们的责任。

人类在适应网络的过程中，得到了许多，也失去了许多。朗读可以帮我们重新找回失去的东西，回到原来的状态。电子产品会让家庭成员囿于各自的虚拟现实中，会让一家人变得疏离，而一起读书则能让一家人靠得更紧，让他们成为一体。一本书，一两个听众，大家亲密地坐在一起，我们可以共同穿越到想象的国度。孩子们认真细致地研究绘本故事中的插画，则会对视觉艺术的基本原理有所领悟，而动画片或者变换速度极快的图像无法产生这样的效果。无时无刻不在的电子触摸屏会让我们心神不定，而朗读却能让我们获得长久且深层次的专注。故事中的语言能为宝宝们的早期语言发展阶段搭建好脚手架[①]，帮助幼儿实现流利的表达。对于再大一些的孩子，听父母读小说则让他们有机会接触复杂的语言与叙事，如果没有父母朗读，他们或许会因畏难而放弃。听故事让所有年龄层次的孩子有机会接触到在其他地方碰不到的词汇、图像和韵律。它给孩子们带来快乐和享受，为参与其中的每个人带来深层次的联结。它或许是我们能为家庭、为人类文明发展所做的花费最少、最简单易行，却最行之有效的好事。

---

① 语言学的脚手架理论来自列夫·维果茨基（Lev Vygotsky）于1930年代提出社会学理论。脚手架理论是指教师能够帮助学生达到“最近发展区（zone of proximal development）”，这是学生凭借一己之力无法达到的。教师就像脚手架一样，可以支撑学生达到能力范围内的高度。

（本书注释除特殊说明外，均为译者注）

《魔法时刻》这本书是写给所有喜欢书籍、故事、艺术与语言的人的，也适合那些想给自己的宝宝一个好的人生开端的父母们。如果你家里有心思细腻的上中学的孩子，或者敏感脆弱、兴趣广泛的青少年，你又很关心他们的成长，那么这本书也适合你。它同样适合那些想要邂逅文学，想要与“棉絮般淡而无味的生活”（弗吉尼亚·沃尔夫语）分道扬镳的人。不管你是压根没朗读过故事小说，还是已经坚持了许多年，这本书你都不妨一看。在这个吵闹喧嚣、注意力转瞬即逝、技术绑架人类、信息狂轰滥炸的年代，如果你感到人与人情感之间的淡漠、思绪的混乱，那么这本书尤其适合你。

在本书中，你会被一种简单的活动所吸引。本质上，它就是一个人为另一个人读书，比如老师为学生，妈妈为孩子，丈夫为妻子，或者甚至是义工为被救助的犬只。它是如此的简单，但它的反响却是如此的复杂，如此的令人惊叹，在本书中我将一一介绍。我们将了解亲子阅读如何促进孩子的发展，与电子产品和玩具相比，绘本故事为什么能更好地为孩子提供他们茁壮成长所必需的养分。我们还会回到以前，那时所有的阅读都是以朗读的方式来进行的，从而感受到声音与文字相交织的历史厚重感。我们会一起了解有声读物和播客，一起探究朗读在语言、语法与句法学习方面的超凡作用，了解它如何能让听者摆脱时间和空间的束缚。围坐在篝火旁讲故事、听故事，它是人类祖先娱乐的方式，也在两代人之间架起了桥梁。朗读也是让人脱离无知蒙昧的阶梯、超越苦难与痛楚的途径——今天仍然如此。它还能帮助听者发现内心的感动，唤醒对艺术与美的感受，让年轻人充分发挥自己的潜力，成长为开放包容、有文化有素养、充满好奇心的成年人。

我希望本书中的故事、观点和科学研究能让你们兴奋不已，恨不得立刻就给自己最爱的人读书。若真能如此，那么我会感到非常欣慰，因为我在这场文化接力赛中已经尽了一份力。

我能记得的最早的事情就是我三四岁的时候，妈妈给我读博丹夫妇所著的贝贝熊系列之《寻找蜂蜜》和苏斯博士的《绿鸡蛋和火腿》。我也记得外婆的声音，她给我读玛乔丽·弗拉克（Marjorie Flack）的《小鸭子历险记》（又译为《平的故事》）。后来我学会了认字，大人就不再给我读书了，大多数家庭都是如此（其实这是件令人遗憾的事情），随着我慢慢长大，听故事这件事也就一去不复返了。

接下来的几十年间，我从未想过要讲故事，虽然它一直停留在我的脑海中，它不仅美妙，而且很重要。有天晚上我和爱人（当时还是未婚夫）一起去朋友丽莎和柯克家参加晚宴，他们家有好几个小男孩。就在大家一边吃着冷盘一边聊天时，丽莎说了声“抱歉”然后上楼了。她离开了很久，大家都问柯克是不是出了什么状况。“噢，没有，”他回答，“她只是去给儿子们讲故事了。”那一刻，我沉睡已久的意识突然苏醒了。

原来她只是给儿子们讲故事。女主人的离开本来让我感到很失望，可现在我对她却是满心钦佩，我下定决心，将来如果有了孩子也一定要这么做。我会把第一次朗读奉献给未来的孩子们。

24 年前，我们的第一个孩子来到了这个世界，从医院回到家，我感到非常迷茫，但有一个聪明的想法在我脑海中出现，就像雾霭中的霓虹灯一样闪闪发光。我一定要给自己的孩子读书。回到家，关上房门，我立刻把宝宝放到摇篮中，拿起一本童话故事。时隔多年，这个故事对我而言是如此新奇，如此陌生，于是我立刻打开书读了起来。

“很久以前，”我跟女儿茉莉讲道，“有一个男人没了妻子，他有一个女儿。后来他跟一个寡妇结婚了，这个寡妇带来了两个女儿。母女三人都很爱嫉妒别人，对于那位绅士的女儿来说，这是件不幸的事，因为她们不准她出门，逼着她做粗活累活，而自己却打扮得花枝招展去参加花园舞会……”

夏日灼热的阳光透过窗户斜洒下来。我的声音听起来夸张而不真实。摇篮里的宝宝似乎不知道发生了什么。

“王子和寡妇的大女儿跳了一支舞，这时音乐突然停了下来……”

她究竟有没有在听？

我是不是应该给她看看书里的图画？

等下，她是不是睡着了？

我突然有一种挫败感，一来身体很疲惫，二来我意识到自己这个做法很荒谬——只有疯子才会给新生儿讲《灰姑娘》的故事吧——我喉咙一紧，眼泪涌了上来。

朗读的开始并不顺利，可以说是一团混乱，但现在它却成了我们家最受欢迎的固定活动。《魔法时刻》就是从最开始那些凌乱的时刻开始的，到茉莉有了弟弟帕里斯，最后是三个妹妹出生：维奥莱特、菲比和弗洛拉。我每天晚上都会给他们读一个钟头左右的书——直到现在仍然在继续。在孩子们进入青春期、脾气乖戾的阶段，待混乱不堪的一天结束后，一起读书就像抓到了亲子关系的救命稻草。我心中会油然而生感恩之情，感觉如释重负。一天又顺利地度过了！朗读让我们可以放松了。此时此刻才是最重要的。

亲子阅读总是愉快的吗？当然不是。给孩子读书我们总要做出些牺牲，有时你甚至会觉得厌烦。即便像我这样的狂热支持者，也不会一直有时间和耐心。有时候孩子迟迟不睡觉让我感到抓狂，有时候选的故事不能让所有孩子都满意。我也有讲故事困到眼睛睁不开的时候，有时感冒发烧嗓子疼，还得硬撑着给孩子们讲故事，最夸张的是，有次我的口腔刚做过手术，但也坚持了下来。有那么几次我实在受不了书中大量的描写，于是就匆匆忙忙跳过一部分。有些书是如此感人，我读着读着也不禁泪流满面，结果孩子们也跟着哭了起来。

2005年秋，就在弗洛拉出生前不久，我成为《华尔街日报》的童书书评人。于是乎家里一下子堆满了琳琅满目刚刚出版的童书。孩子们的阅读书目也随之增加了，不仅仅包括经典故事和从前最喜爱的书籍。接下来的几年我一边要博览儿童读物，一边忙着照顾孩子，还要学习育儿。

分离有苦也有乐，但它总是要到来的，第一个离开的是茉莉。茉莉十几岁的时候告别了我们的魔法时刻。几年后，帕里斯也离开了。接着妹妹菲比抢在了姐姐维奥莱特前面，也开始自己看书了。几年前，15岁的维奥莱特也不愿意再听我读书了。给他们读书的经历促使我写下了这本书。就在这本书快大功告成的时候，我发现弗洛拉也有了想自己读书的念头。由于工作的需要，我仍然得大量阅读儿童读物，但很快我就不用再大声朗读了，但我不会伤感，也不会遗憾，因为我已经把接力棒递到了他们的手中。

家庭生活往往紧张而忙乱，它本身已经足够艰难，更别提还要拖着孩子们每晚睡前读书。但它值得我们去尝试，尤其是在今天这样的时代，似乎每个人都像飘浮在各自广阔的海面上孤军奋战。无论是年轻人还是老人，他们都需要和亲人一起朗读。如果我是《绿野仙踪》中的南方女巫格林达，我一定会挥动魔法棒，让每个家庭都能接受魔法的馈赠——一起朗读。但我既不是女巫，也没有魔法棒，所以我希望这本书能够说服你们。

Chapter 1

第一章

朗读对儿童大脑的积极作用

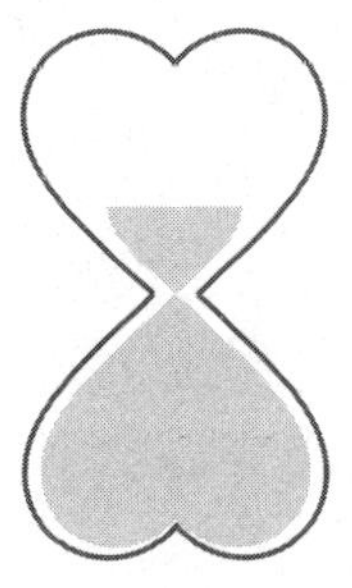

在绿色的大屋子里

有一台电话机

一个红气球和两幅画——

一幅画上，一只奶牛正跳过月亮

一幅画上，三只小熊正坐在椅子上……

——玛格丽特·怀兹·布朗

1947年，克里斯汀·迪奥在其首届作品发布会上推出女性服装最新款式——新风尚（New Look）；传奇球星杰克·罗宾逊与纽约布鲁克林道奇队签约，成为美国职业棒球大联盟史上第一位非裔球员；一家名叫哈珀兄弟的出版公司出版了一本其貌不扬的儿童睡前故事——《晚安，月亮》。

这真是人类历史上重要的年份！迪奥的创新风格促进了战后时尚行业的蓬勃发展，罗宾逊身上所体现的风范与体育精神让全世界为之振奋，而那本其貌不扬的小书则成了当代最受孩童欢迎的睡前读物。这本书自问世以来，已经卖出了亿万册。一代又一代的儿童在这本书的陪伴下长大，玛格丽特·怀兹·布朗描述了一只可爱的小兔子在睡前跟房间里所有的东西说晚安的经过，形象生动，文字安静而富有诗意。无数只小手曾经触摸过书中克雷门·赫德（Clement Hurd）色彩饱满的插画，绿色的大屋子、墙上的画、壁炉里噼啪作响的火焰和挂着金色绿色相间窗帘的大窗户。无数双眼睛曾经在那赏心悦目的画面上逡巡，发现其中的独特之处：小兔子的虎纹垫子、梳子、牙刷、碗里的米糊，还有玩毛线团的小猫，毛线团的主人是“轻轻地说‘嘘’的安详的老婆婆”。夜幕已经慢慢降临，一只小老鼠跑来跑去，窗外的星空升起了一轮明月。

我的孩子还小的时候，听《晚安，月亮》是他们晚上的固定活动之一。虽然我们不是每天晚上都读这本书，但印象里却是如此。诗意的语言如同毛绒玩具一样，温暖而熟悉，抚慰着我们的心灵。内页的插画对我们来说总有新奇之处，因为我们每次都能发现些新的内容。大约在茉莉学步的时候，我俩发明了一个“找找看”的游戏，我负责给孩子们出题，让他们找出图画中隐蔽的东西。对于年龄很小的孩子来说，想要找到克雷门·赫德画中的“碗”“火焰”或者“一双拖鞋”也算是个挑战。等他们大一点后，我只能让他们在图画中找生活中不常见的东西，并且从语言的描述上增加难度。

“你们能找到两样计时的东西吗？”我或许会这么问。然后孩子们就用小手指指着壁炉顶上和小兔床头柜上的钟。

“那柴火架在哪儿呢？”

这个就有点难度了。我等了好一会儿也没人回答。最后我只能告诉他们那个神秘的放柴火的架子在哪儿，然后让他们继续找别的东西。

“谁能在这幅画里找到第二个月亮？”

有个孩子伸出手指，指着墙上的画，画里一只奶牛正跳过一轮新月。当时我只是觉得这个游戏挺好玩，并没想到其实我误打误撞地教会了孩子很多。科学研究证明，家长在读书时如果能跟孩子聊聊插画和故事，那么陪伴将会起到事半功倍的效果。我们会在后面的章节中详细讨论这个问题。

孩子们对于《晚安，月亮》的喜爱对于我们整个家庭而言有着特别的意义，但我们对这本书的情结只是它广阔的文化意义的一部分体现。从出版到现在的70年间，《晚安，月亮》中的语句和插画对孩子童年的影响如此之大，以至于社会学家甚至用“晚安，月亮”这句话来形容温暖的睡前亲子时光——给孩子换睡衣，刷牙，讲故事，盖好被子，灯熄灭了，爸爸妈妈要离开了，但孩子已经获得了足够的安全感与爱。

是的，《晚安，月亮》是睡前故事的不二之选。成千上万的父母选择它作为睡前故事，因为它能让孩子身心舒缓，进入一种安静的状态。

外表是有欺骗性的。孩子一边听故事，一边看图画，看起来风平浪静，但实际上风平浪静之下正在积蓄着惊人的力量。

✸ ✸ ✸

如果你想找一间和绿色的大屋子的氛围完全相反的地方，那么去探访位于俄亥俄州西南部山顶的一栋研究大楼准没错，该研究大楼隶属于辛辛那提儿童医学研究中心。大楼的走道里有一面巨大的深蓝色的墙，墙上装有闪烁的电子显示屏，穿过走道，穿过几扇浅色的木头门，你会看到由平板玻璃隔开的一间接待室和两间会议厅。我们姑且把它叫作淡雅的米色大厅吧。

与绿色的大屋子不同，这个大厅里没有奶牛跳过月亮的活泼可爱的图片，没有壁炉，也没有照亮屋子的台灯。门口的闪光灯和警告标识倒是提醒我们，这是个严肃的地方。第一间会议厅里摆了一张和窗户一般宽的桌子，以便控制监视器的技术人员有足够开阔的视野。对面的会议厅中有一张很窄的床，不是玛格丽特·怀兹·布朗故事中小兔子睡的那种很舒服的床，它是专门为了研究对象——孩子们设计的。孩子躺下来之前，要先戴上柔软的耳塞和头戴式耳机，然后研究人员会用带子将孩子固定好。躺好之后，孩子会被传送到核磁共振仪中。进去之后，震动的电磁线圈就开始作用，孩子大脑最深层次的部分将会对耳机中传出的声音做出反应。研究人员在孩子的脸部上方装了个小屏幕，大脑对屏幕上出现的图像也会做出反应。

孩子们盖着毯子的腿露在仪器外面，医生们——包括神经科医生、放射科医生、儿科医生，还有研究人员——可以通过电脑捕捉孩子大脑的每一次灵光闪现，从一个部分传输到另一个部分每一次转瞬即逝的反应。

给孩子讲故事对他们的大脑发育会产生怎样的影响？辛辛那提儿童读写探索中心的研究结果非常令人振奋。它似乎印证了我们这些支持朗读的热心人士一直以来的推测：给孩子读书确实是一剂灵丹妙药。

* * *

6 英里以外的奥克利正在下着雨，小宝宝们、一两岁的孩童们还有他们的看护者涌进了一家儿童书店，书店里的内饰温暖又鲜艳。与散发着消毒水气味的医院会客厅不同，这里的墙上布满了涂鸦般的签名和图画，这些都是到访过书店的作者的杰作。孩子们丝毫不理会墙上的图画，径直走到书店中央，工作人员已经提前腾出空地，摆好沙发，这里将要举行每周一次的舞会和绘本故事朗读会。

“快看，她在那儿！”一个妈妈说道，她让女儿看向铺着紫色地毯的讲台，书店经理和“故事阿姨”萨拉·琼斯已经坐在那儿等着了。萨拉年轻活泼，富于表现力，棕色的头发扎成了圆髻，手里抱着一把吉他。“萨拉小姐”拨了下弦，笑眯眯地看着到来的人群。一个戴着围兜、身着条纹裤子的学步男孩站在边上，扬起头看着萨拉，一脸惊奇。男孩的姐姐就在不远的地方，用同样惊奇的表情看着萨拉。萨拉又拨了拨弦，告诉大家活动即将开始，只见一两岁的孩子有的跪在地上，有的蹲着，有的爬到大人腿上。

“欢迎，欢迎大家。”萨拉用《一闪一闪亮晶晶》的曲子唱道。大人们表示感谢，萨拉继续唱道，“今天大家来这一定要开心啊。”有的孩子跟着萨拉的节拍跳起舞来。

孩子们来这里是为了玩耍和开心，而我的目的却是观察。我最小的孩子也十几岁了，一两岁孩童是什么样我早就忘得差不多了。我要重新弄清楚这么大的孩子在一起听故事时会如何反应，而这家书店是再合适不过的观察场所。书店的老板约翰·哈顿博士跟我一样，20 多年来一直坚持给他的孩子读书。他是一名儿科医生，同时也是辛辛那提儿童医院的助理教授，而且也参加了大声朗读对儿童认知发展影响的研究。

萨拉仍然在弹着吉他，她说道:“好了，朋友们！很高兴今天上午能在这里遇见你们！”她挥了挥吉他，把它放到一边，然后拿起一摞书。萨拉身体前倾，她告诉孩子们她今天要读的故事是想睡觉的农场动物、想睡觉的宝宝和想睡觉的太阳系。

“你们能猜出今天的主题吗？”她问。

话音刚落，孩子们就你一言我一语高兴地叫嚷起来。屋子里大概有不到 30 个孩子，还有二十几个父母、祖父母或者保姆。

“我们先来听《想睡觉的太阳系》。”萨拉边说边把书举起来，封面上画着三个胖嘟嘟的星球躲在紫色的盖被下面。

“晚安！”有个声音喊道。一个奶奶轻轻拍着腿上的宝宝。有个男孩还在跳舞，还有几个孩子动弹个不停，但几乎每个人都朝萨拉望去。

“星光闪烁的银河系结束了漫长又繁忙的一天，”萨拉大声地朗读，故意把元音拖长，“想睡觉的太阳就要下山了，它喊道，‘大家晚安。’”孩子们听得很入迷，家长们也乐在其中，歌谣朗朗上口，再加上绘本故事引人入胜，整个场景就是一个完美的情感刺激与文学素养的培养、反馈循环。

萨拉放下手中的故事书。

“你们能跟着想睡觉的星球一起打哈欠吗？”

“哈……！”所有的孩子都张开了嘴。

哈顿博士侧过身，小声告诉我：“萨拉生病或者不能来参加活动的时候，我会让其他人代替。但孩子们不买账：‘我们要萨拉小姐！’”

我笑了，然后转头继续观察眼前热闹的景象。书中想睡觉的星球们已经戴好了睡帽和卷发器。

“好耶！”听众们大声喊道，屋子里响起了热烈的掌声。

* * *

稍后与哈顿博士在医院办公室会面时，我在电脑屏幕上看见的是一个人类的大脑。那是一个孩子的大脑白质，大脑神经纤维被一种保护物质——髓鞘所包裹。虽然叫大脑白质，但其实并不是白色，而是有很多种颜色。它就像一个发光的深海动物，一团细小轻盈的丝线缠结在一起，呈现出梦幻般的蓝色、深红色和石灰绿，悬浮在漆黑的虚无之中。

“它有些像电路图，”哈顿博士指着细线交叉和集中的地方，一脸严肃地解释道，“个体早期的经验能够加强这些连接，让线路更牢固。”

“多数情况下，它们会正常发育，这是由基因所决定的。但连接的强弱、髓鞘的形成以及髓鞘对神经纤维的保护作用会受到刺激的影响。神经科学领域有句名言：‘同时被激发的神经元会连接到一起。’”

哈顿博士点了一下鼠标，屏幕上出现了几张大脑切片——图片有些血腥。每张图片的中心部分是一小片形状像辣椒的深红色区域。个体的大脑不同，深红色区域的大小也不同。这些图片是哈顿博士和他的同事在几年前所做的研究的成果。他们对一组 3 到 5 岁的孩子的大脑逐一进行扫描。（这是个漫长的过程，首先需要的是耐心，要确保每个孩子在核磁共振仪中保持静止不动，只这一个环节每个孩子就要用去 45 分钟。“重点是要让孩子以为那是在玩，”哈顿博士告诉我，“我们会骗孩子，‘你马上要搭乘火箭宇宙飞船啦！’或者说‘你可不能动啊，我们马上要玩木头人的游戏！’”）研究人员想知道孩子们听到适龄的故事时，大脑里会产生怎样的反应。哪些部分会被激活？那些听过很多故事的孩子的神经反应和没有听过的孩子相比，会有什么不同吗？

研究人员发现，那些经常听父母读故事，接触过更多童书的幼童，与同龄人相比，大脑的活动更为活跃。换言之，听过很多故事的学龄前儿童对于故事的反应更加敏捷，更有悟性，这意味着他们对所听到的内容的处理能力更强，处理的速度也更快。这项研究证实，儿童早期家庭的阅读环境——即儿童是否能接触到很多书本，大人给儿童读书的频率——对大脑功能会造成可量化的差异，因此，它对大脑的发育也会造成可量化的差异。研究人员认为，经常听故事的孩子能够接触到更多语言，想象力也得到了更好的激发，所以和同龄人相比，他们具有认知方面的优势。（有位幼儿园老师告诉我，她和同事总能看出哪些孩子听过很多故事：“他们早上来了之后会径直走到书架前问，‘您能给我读本书吗？’他们还以为自己是在家里，指望有人能抱着自己来读书。”这位老师边说边站起来模仿 3 岁孩子来回走动找地方坐的样子。）

我看到的深红色区域位于大脑的左后半球，即顶叶皮层、颞叶皮层、枕叶皮层联合区，这个部分如果是深红色，说明大脑被激活得更多。这部分大脑参与处理多种感官信息，尤其是视觉信息和听觉信息。哈顿博士与他的同事发现，听故事多的孩子，这部分区域也更加活跃。令人吃惊的是，该研究中的被试儿童只是用耳机听了故事，并没有看到图画，但该部分处理视觉信息的大脑却也被激活了，也就是说儿童在这一过程中调动了想象力。听故事多的孩子比听故事少、看书少的孩子似乎能更容易地用大脑想象出图像。

哈顿博士的团队接着又发表了另外两篇基于核磁共振成像技术的论文，研究的是学龄前儿童和大声朗读的影响。其中有篇论文指出，对听故事表现出更强烈兴趣的孩子，小脑被激活得也更多，而小脑负责的是控制个体的协调性和平衡能力。

或许你会问，这些结果又能说明什么呢？大脑适应了某种刺激后，处理这种信息的能力自然也会更强。这有什么重要的呢？又能说明什么不同呢？

它之所以重要，是因为 3 岁前人的大脑具有极强的可塑性和适应性，发育速度极快。从出生后到 12 个月，婴儿的大脑会增大一倍。到 3 岁时，大脑已经完成了 85% 的生长发育。和语言以及其他多种高级认知功能相关的神经突触的形成会在孩子两岁时达到顶峰，这个阶段也就是所谓的敏感期。到 5 岁时，绝大多数与语言、情绪控制、视觉、听觉与习惯性反应方式相关的快速发展阶段已经基本结束。可以说，婴幼儿时期的经验、神经元的激活与连接决定了孩子大脑的结构，为未来思维和推理能力的发展打下了基础。

读故事书能极为高效地将信息从大脑的某一部分传递到另一部分，有助于重要的神经通路的形成，并能让已有的神经通路得以强化。从这一点来看，大声朗读特别有帮助。2014 年美国儿科学会向 62000 名医生会员提出建议，希望他们能鼓励患儿的父母每天为孩子读书。“经常跟孩子一起阅读，”该学会的指导文件中写道，“能最大限度地刺激大脑的发育，而且能在儿童发展的关键时期增强亲子关系的纽带，而这又有助于语言能力、读写能力和社交能力的发展，这三种能力会让人受益终生。”

最大限度地刺激大脑的发育！增强亲子关系的纽带！让人受益终生的能力！如果说给孩子读书是一剂良药的话，那么每个孩子都应该来一剂。

可我们却把电子产品给了他们。

✷ ✷ ✷

考虑孩子和孩子们的福祉，就一定得考虑电子技术的影响。如今电子产品已经占据了童年最隐秘的角落。电子产品既有利也有弊，无论家庭的经济水平如何、背景如何，家里都少不了电子产品。最近一项研究的结果表明，大约有一半的幼儿都有自己的平板电脑或其他电子产品。8 岁及 8 岁以下的孩子每天平均使用电子产品的时间将近两个半小时。这还只是平均值，很多孩子玩电子产品的时间比这要多多了。大一些的孩子情况更糟，十几岁的青少年每天使用电子产品的平均时间长达 6 个半小时，四分之一的青少年则达 8 个小时以上——占去不在校时间的大半。而这项研究还是在虚拟现实技术未成为主流之前所做的。

孩子用笔记本或平板电脑观看视频故事，这与边看绘本书边听大人讲故事相比，似乎并没有多大的差别。孩子的眼睛会看到一系列图画，耳朵能听到讲解者的声音，大脑也能处理接收到的视觉和听觉信息。但其实这两种做法大相径庭，如果把孩子看电子屏幕的时间也算进去，两者之间的差别可谓重大，且令人担忧。

哈顿和他的同事在 2017 年所做的另一项研究就能说明两者之间为何会有差异，又有哪些不同。研究人员的目的是通过观察大脑的活动，来对比幼儿单纯听故事，边看绘本边听故事（通常父母的做法）以及看动画故事三种做法的差别。我们会在后面对单纯听故事的做法再进行讨论，你可能平时也会听有声书，但现在我们先来看看后两者的差别。

这次辛辛那提的研究人员总共招募了 28 名 3 到 5 岁的儿童作为实验对象，用核磁共振仪扫描他们的大脑，每次扫描共分为 3 个阶段，每个阶段 5 分钟。为了建立比较基准，研究人员先收集了孩子们看到笑脸表情时大脑活动的图像，然后研究人员将笑脸表情移除。这些学龄前的儿童按次序躺进核磁共振仪，在黑暗中通过头戴式耳机听故事，研究人员会给予不同程度的视觉刺激。他们首先听的是罗伯特·蒙茨（Robert Munsch）的《堆沙堡比赛》，由蒙茨本人朗读。孩子们听故事时没有看到任何图像。第二阶段，孩子们听的是蒙茨的另一本书《安德鲁掉牙了》，同样由作者朗读，不过这一次孩子们还看到了绘本中的图案。最后一个阶段孩子们则观看了蒙茨的故事《消防站》的动画版。

这么做的目的是要搞清楚在不同的情况下，有益于早期读写能力发展的脑网络中会发生什么。研究人员共观察了大脑的 5 个部分：小脑和头颅底部有助于提高技能的珊瑚形部分、默认模式网络（与内部导向过程，比如自省、创造力及自我意识相关）、视觉表象网络（包括高阶视觉区与记忆区，能帮助大脑想象出图像）、语义网络（负责从语言中提取意义）、视觉网络（负责处理视觉刺激）。研究人员分别在 3 个阶段测量了以上 5 个部分的激活情况，尤其关注它们之间的关联和同步反应。

结果让人大吃一惊。哈顿和我一起浏览了研究团队根据初步结果所制成的图表。红色的长方形表示大脑异常活跃，粉色表示一般活跃，而灰白色和深蓝色表示脑网络没有被激活，或者在消极怠工。

我们首先浏览的是幼儿单纯听故事时所收集的数据。我看到的是红色的长方形。“有些神经网络是激活的，”哈顿博士说：“不过最引人注目的是负责反思自省部分之间的连接，表明孩子在听故事时，大脑会思考‘这个故事和我的生活、我的观点有着怎样的关联’。视觉网络不是很活跃。”他说得很有道理：幼儿对于世界的经验有限，因而并没有大量的图像储备、情感储备和记忆储备可供调用。

哈顿博士的手指滑过图表中的第二个方柱，它反映的是孩子们边听故事边看到绘本时大脑的活动状况。

“砰！”他说道，“所有的神经网络全都被激活了，互相关联。”

即便没上过医学院的人也能看懂这些密密麻麻的红框表示什么。如果孩子听故事时也能看到绘本图像，他们的脑网络会互相帮助，强化神经连接，让那团像海底浮游生物的丝状结构更加稳固。

哈顿博士指着图表继续说道：“你看，孩子看动画片时各项数据都会降低。”

我俩都沉默了一会，然后开始看图表的第三部分。所有的红色都变成了蓝色。

“大脑好像全都停止了工作。”我说。

“除了视觉区，”他回答，“观看动画版的故事时，更高阶的、与学习有关的脑网络一点反应都没有。视觉功能、图像想象和语言功能断开了联系，孩子不能把看到的内容与高阶脑网络整合在一起。大脑其实压根不需要工作，尤其是想象力——默认模式网络和视觉表象网络支撑的想象力——呈断崖式下跌。”

“这意味着什么？”

“行为学的研究已经证实，儿童长时间对着电子屏幕可能会造成语言功能、想象力和专注力的亏损，”哈顿博士表情凝重地告诉我，“3 岁到 5 岁是儿童发展的成型阶段。长时间使用电子产品会造成脑萎缩，或者高阶脑网络发育停滞。如果说大脑确实具有可塑性，那么对于脑网络发育不良的孩子而言，想要提出自己的观点，想象故事里的画面，并将自己的生活与故事联系起来会更困难，并且他们依赖性很强，更愿意被动地接受填鸭式教育。我认为这个问题很严重，而且更棘手的是，现在的电子产品越来越便于携带，孩子们不费吹灰之力就能得到。”

我回头看着表格，觉得红色和蓝色的对比似乎有些残忍。“他们看视频的时候脑袋里其实一片空白，所有的颜色都被抹掉了。”我说。

“就好比灯还亮着，”哈顿博士说，“但屋里空无一人。”

需要提醒大家特别注意的是，研究人员是让同样的孩子用 3 种不同的方式接触故事，也就是说，那些“死亡”的大脑，跟边听罗伯特·蒙茨的故事边看绘本图像而生机勃勃的大脑是同样的大脑。辛辛那提的研究人员专门给这个现象起了个名字：金发女孩效应。就像故事里 3 只小熊的粥有冷有热一样，单纯听故事“太冷”，无法让孩子的脑网络以最优水平积极工作并整合，而看动画版的故事又“太热”。一边听大人读，一边看着图画书才是“不冷不热刚刚好”。孩子得费些脑子才能解码听到和看到的信息，它不仅能让大脑变得活跃，让孩子感到有趣味，还能强化大脑中的连接，以为将来更复杂更难懂的故事做好准备。

如果说使用电子产品对儿童的大脑神经发育没有或者说几乎没有任何促进作用，如同该研究所证实的那样，那么每天花些时间来进行有益神经发育的活动则是至关重要的。

这也是我们为何要给孩子读书的原因——而且越早越好。孩子的童年转瞬即逝，所以不要“等明天再说”“等我有空了就读”，或许你永远不会再有机会。给孩子读书事不宜迟，它不仅仅是让我们愉快地体验到故事的乐趣，而且当今的文化与工业正在以惊人的速度改变着人类的婴幼儿期与童年，而给孩子读书是与之对抗的重量级武器。

给孩子读书，是家长义不容辞的责任。

✶ ✶ ✶

2015 年，英国政治哲学家亚当·斯威夫特让所有英语世界的父母们怒不可遏，他指出那些给孩子读书的父母应该反思一下，因为这样对其他孩子“很不公平，让他们处于劣势”。亚当·斯威夫特的玩笑其实道出了一个令人不安的事实，但网民们最喜欢断章取义，于是这位华威大学的教授就遭到了围攻，讨伐批评声不绝于耳。多数批评者并没有仔细看过澳大利亚广播公司对亚当·斯威夫特的访谈，所以他们曲解了他独树一帜的观点。

“研究证实，”斯威夫特说，“睡前经常听父母讲故事的孩子与不经常听的孩子之间的差别，这两类孩子人生际遇的差别，甚至比上不上私立精英学校的差别还大。”

斯威夫特“睡前经常听父母讲故事”其实覆盖面很广，他只不过为了简洁才这么说，其实它包括许多因素，比如斯威夫特谈到了“父母与孩子用餐时的闲聊，家庭文化，父母的养育方式，态度与价值观的谆谆教导”。

哈佛政治学家罗伯特·普特南也发表过类似见解，他认为“睡前故事时间”是能预测孩子未来学业成就的最重要指标之一。在《我们的孩子》一书中，普特南援引了简・瓦尔德福格尔教授与伊丽莎白・沃什布鲁克助理教授的研究结果，以论证“养育方式的差异——不仅包括母亲对孩子的培养和关爱，还包括为孩子提供的书本的数量，去图书馆的次数等——是造成富裕家庭的孩子与贫困家庭的孩子在上小学前学习能力差异的唯一重要因素，这里的学习能力是指儿童 4 岁时的读写能力、数学能力和语言测试成绩”。

个体的发展是一个慢慢积累的过程。我们获得的每一种经验、每一种技能都为更好地获得经验和技能做准备。孩子听故事也一样，它的影响力不会因为孩子上学就戛然而止，而是会一直延伸下去，甚至延伸到青春期。它的附加影响如涟漪一般，会扩大到成年。无论是听故事的积极影响，还是没听故事的消极影响，都是如此。2012 年的一项研究表明，在幼儿园阶段，很少或者根本没有听过父母读书的孩子的语言能力和学前阅读技能比其他孩子要落后 12 到 14 个月。在幼儿园时，这些孩子也能像同龄人一样，听故事听得津津有味，被其中的韵律、幽默、冒险情节和插画所吸引。但他们不知道的是，自己和其他孩子被一条无情的鸿沟给分开了，教育学家称之为词汇鸿沟。20 世纪 90 年代早期一项里程碑式的研究发现，儿童所听到的词语的数量有着极大的差异：到 3 岁时居然多达 3 千万个。

这项研究的意义非常重大——不仅仅对于孩子而言，对更广大的社会而言亦是如此——因为个体早期语言能力、认知能力和社交能力的发展与学业成功有着紧密的关联。近几年来的调查显示，与我们所设想的不同的是，儿童学习英语和学习数学所需要的技能实际上是相关的。这两个科目看起来并没有多少共同点，但本质上却有着相似之处。

那些上中学或者高中低年级觉得数学很难的孩子，实际上更多的问题是在词汇和阅读，而不是数字和计算。坎迪斯·肯德尔博士是旨在说服父母每天为孩子读书的全国性活动“朗读 15 分钟”的负责人和联合发起人，他认为，“五年级的阅读题就相当于求学生涯中遇到的第一道数学分析题，如果你不会做，不能理解复杂的句子，那么下面的方程式和等式就会很难，因为在五年级时你已经错过了学习分析的阶段”。

“想想有多少孩子才上阅读就已经跟不上了，这就是说，我们的国家已经损失了一半未来的科学家、工程师、数学家、技术专家的孩子。真是令人忧心。”

现在想要找到能胜任实验室工作的年轻毕业生究竟有多难，担任一家医学研究机构 CEO 的肯德尔对此有着切身体会。“大概 45% 的孩子能力不达标，”她说，“他们可能是会读一般的材料，但是不会做复杂的分析性阅读。”

真实的数字或许比肯德尔估计的还要惊人：2015 年的一项报告指出，64% 的美国毕业生无法达到熟练阅读的标准。如果一个四年级的孩子阅读能力欠佳，这就意味着他三年级时就没达标，二年级时可能也是如此。我们可以一路追溯下去，从小学到幼儿园，从幼儿园到托儿所，再到孩子出生的最初几年。问题的根源可以追溯到宝贵的婴幼儿期，学业表现不佳的恶果或许要到高中时才能显现。

约 20% 的美国青少年高中毕业时算是功能性文盲，也就是说他们的读写能力还不足以在工作中游刃有余。迈向成人世界的第一步不应该以这样糟糕的方式开始。85% 的触犯法律的孩子读写能力都较差，70% 的州立监狱或联邦监狱的囚犯读写能力较差，43% 的贫困人口有同样的问题。

这是个残忍的现实。从这个角度看，给孩子读书不仅仅能从情感上呵护关爱孩子，帮助孩子培养学习能力——它更可以帮助避免心理发展方面的问题。想想看，如果每个孩子每天晚上都能听父母讲故事，世界将会变成什么样。正如绘本故事作家、朗读的积极推广者罗斯玛丽·威尔斯所言:“一分钱都不用花，我们就可以让个体成就上的差距缩小。”

✷ ✷ ✷

那么真实情况到底如何？有多少孩子有故事听，又有多少没有呢？我们不妨看一下世界知名教育出版公司学乐公司两年一次的调查结果。2017 年学乐公司的读书报告显示: 56% 的家庭称，他们大部分日子都会给孩子读书。孩子 3 到 5 岁的家庭的亲子共读比例则更高，62% 的调查对象说他们一周给孩子讲 5 到 7 次故事。令人欣喜的是，这些百分比一直在增长。

但反过来看，你就不会那么乐观了: 44% 的美国婴儿和学步儿童以及 38% 的 3 到 5 岁的儿童经常没有故事听，或者压根就没听过故事。而英国方面的数据和美国有所不同，最近的一项调查表明，在过去的 5 年中，每天听故事的学龄前儿童的比例下降了将近 20%。(全球著名的数据分析公司尼尔森进行了该项调查，该公司不无担忧地指出，英国每天看网络视频的学步儿童增长了 20%，下降和增长似乎刚好吻合。) 简而言之，目前有数百万的婴幼儿已经处于劣势。虽然这不是他们自己的错误，但他们确实错失了其他孩子享有的情感养分和智力养分。

在这样一个忙碌又一心多用的年代，时间和专注是稀缺产品。想要腾出 1 个小时乃至 15 分钟安安心心读书的时间似乎成了不可能完成的任务。即便父母不需要长时间工作，不需要同时完成几样工作，他们也没那个精力给孩子读书。而且，不是每个家庭都有亲密无间地互相陪伴的时光。但几乎所有的父母每天都会和孩子互动交流片刻。我认为，明智的做法是把互动的时间变成亲子阅读的时间。

对于有些家庭而言，孩子被安全带固定在宝宝椅上吃早饭时是讲故事的最佳时机。而有的家庭则可能先给孩子读 40 分钟的书，然后再午睡，也有可能用父女俩在医生办公室等待的 10 分钟来讲故事。孩子泡澡时，一家人乘地铁时都可以读书，甚至还可以用电话给孩子讲故事。有了故事，原本无聊的半个小时候机时间也会变得非常充实。晚饭如果吃得早，那不妨把睡前故事时间挪到晚饭时间，让孩子边吃意大利面和奶酪边听故事。一家人每晚睡前如果能有 1 小时的亲子阅读时间，真是一种奢侈的享受。“任何时间，任何地点。”这是纽约上州阅读推广公益组织的口号，说得真是太对了。

至于应该读些什么，毫无疑问书本是最理想的选择，但报纸、杂志也未尝不可，哪怕是飞机座椅口袋里薄薄的紧急疏散书册也可以。英国诗人罗杰·麦高夫（Roger McGough）回忆二战期间足智多谋的母亲尽一切可能为自己搜寻读物，他半开玩笑地写道:“虽然那时候书本非常稀罕，但母亲还是保证我每晚都能听她读些什么。借着熊熊燃烧的工厂或者坠毁的德国战斗机发出的光芒，母亲‘饥不择食’给我读沙司瓶上的标签、玉米片盒子侧面的说明书。我们挤在温暖又舒适的被窝里，那时候我最喜欢听的是阿华田包装上的文字。我到现在还能清晰地记得她的声音:‘舀两到三勺本产品……’”

他的回忆如此的诙谐有趣，我们甚至能通过文字感受到朗读的魔力，声音、文字、爱的呵护与身体的亲密感糅合在一起，会产生妙不可言的魔力。在辛辛那提的研究和后面的章节中，数据都会让我们看到，朗读究竟会产生怎样神奇的效果。至于为何会如此，科学家们很难解释。首先，它是一个输入的过程：语言的输入、情感的抚慰、相互的关爱和听故事的快乐。

朗读看起来平凡无奇，它之所以能产生卓越的效果，是因为它具有强大的超越之力。朗读的作用往往大于各部分的简单相加。我们可以把朗读割裂成美好且神奇的几个部分来看——但同时，它的本质又是个谜。就像生物学家解剖夜莺，我们可以看到不同的器官是如何组合在一起的，我们能够识别翅膀、脚、喙和羽毛。但我们仍然不明白鸟儿为何会如此美妙：飞行的优雅与歌声的婉转悠扬。

朗读也是如此：读者、书本、听者是它的组成部分。读某段文字的声音不过是暂时的，很快就会消失，就像夜莺啼啭也会消失。然而"雁过留痕"，声音会在听者的想象与记忆中留下痕迹。刹那间的心神交流却有着难以置信的力量。

人类的历史就是讲故事的历史。早在文字出现之前，人类就通过讲故事，从古老的幸福源泉中汲取灵感。从远古开始，讲故事就鼓舞着人类，为我们的祖先注入新的力量。那也是我们今天要做的事情。

Chapter 2

第二章

讲故事的传统可以追溯到古文明

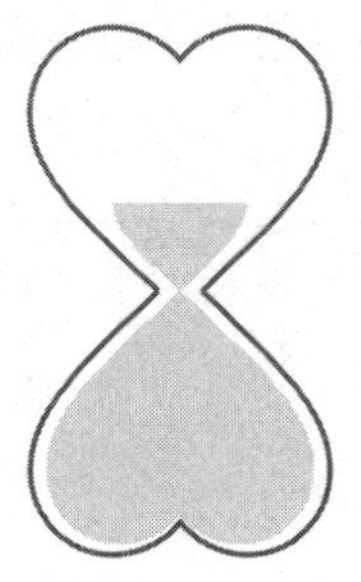

请在我心中歌唱，缪斯啊，
通过我讲述那个故事：
那位机敏的英雄，
在摧毁特洛伊神圣的城堡后又到处漂泊，
见识过不少种族的城邦和他们的智慧，
在辽阔的大海上身心忍受无数的苦难，
为保全自己的性命，使同伴们返回家园。

——荷马史诗《奥德赛》开篇

沿着伦敦大英博物馆一排长长的、陈列着古希腊文物的走廊往前走，在一个玻璃柜里，你会看到一个黑赭色双耳细颈瓶，形似我们今天用的罐子或花瓶，但它闪耀着动人的光泽。这个细颈瓶是由希腊黄金时代早期的一名工匠所制作，大概完成于公元前 490 至前 480 年。它的两侧各有人物装饰。一侧是一名身着长裙与格子短袍的乐师的全身像，似乎是在鸣奏某种簧乐器。

另一侧的人物则身着有褶皱的袍子，一只胳膊伸展开，搁在一根高高的木棍上，仿佛在高谈阔论。他的嘴是张开的，如果仔细观察，你会发现他的双唇间似乎有文字在跳跃。翻译过来是："很久以前，在梯林斯[①]……"

他是位游吟诗人，又被称作"织歌者"，是今天故事朗读者的原型。不同的是，古希腊的游吟诗人不需要读书。他自己就是书。荷马的两部

① 梯林斯是希腊迈锡尼文明的一个重要遗址。

史诗——《伊利亚特》与《奥德赛》以及其他作品早已深深铭刻在他心间。他脑海中有个书架，需要时只要找到那本书，复述出来即可。

荷马的两部史诗是伟大的创造，时至今日仍然受到人们的喜爱。其中既有动作打斗和跌宕起伏的情节，也有阴谋诡计、谎言与欺骗（其中对光荣与耻辱的看法与今日大相径庭，所以难免会让读者觉得有些古怪）。《伊利亚特》讲述了波澜壮阔的特洛伊战争，战争中希腊联军围攻特洛伊城长达 10 年之久。在这部史诗中我们会邂逅愠怒而残暴的阿喀琉斯，崇高的王子赫克托耳，英俊帅气的帕里斯和美丽迷人的海伦。而在《奥德赛》中，我们则会跟随擅长权谋的奥德修斯的脚步，看他在征服特洛伊之后，如何在海上漂流 10 年，经历无数艰难险阻终于返回故乡伊萨卡，与苦苦等候他的妻子佩涅洛佩团聚。奥德修斯制服了叛变的水手，战胜了魔女喀耳刻，克服了海妖塞壬美妙歌声的诱惑，逃脱了吃人的独眼巨人波吕斐摩斯的洞穴，还把三名吃了莲花（忘忧果）而失去记忆、乐不思乡的水手强行带回。

今天拿起《伊利亚特》或《奥德赛》，你首先注意到的不是故事内容的丰富，而是书的部头之大。两部史诗洋洋洒洒，虽说其中有不少能帮助游吟诗人记忆的“书签”——形象生动的短语和人物的绰号，比如“灰色眼睛的雅典娜”“持盾的宙斯”——但我们仍然很难想象居然有人能把整部史诗给背下来。不仅如此，游吟诗人能毫不费力地从故事的任何地方开始讲起。对于现代人而言，这是一门早已失传的技艺。现在的学校不像以前，要求学生背诵大量的诗歌，所以几乎没有人的记忆储备能比得上游吟诗人。你或许会说我们根本就不需要这些：书本价格低廉，随处都能买到，而且网络上也有很多资源，我们可以轻松找到忘记或想要阅读的内容。实际上，在数字时代未具雏形之前，游吟诗人就早已过时了。虽然他们的身影早就消失在历史的迷雾中，但他们在古代人类社会所扮演的重要角色却提醒着我们，朗读也是在参与人类最古老、最庄严的传统。朗读是口头叙述故事的一种，它源远流长，可以追溯到人类发明文字之前。

✵ ✵ ✵

朗读者读小说给别人听时，他是在传递信息，而非原创，游吟诗人亦是如此。《奥德赛》开篇说道，“请在我心中歌唱，缪斯啊，通过我讲述那个故事”——很显然，讲故事的人一开始就承认他要讲的故事并非自己发明创造，他同时希望神明可以眷顾自己，保佑自己把故事讲得精彩动人。今天，我们打开一本书，讲一个故事，或许不会像游吟诗人那般惴惴不安，但我们同样是艺术的一种媒介。我们以他人创作的故事为基础，让故事经由我们——通过调动自身的各种能力，通过声音的抑扬顿挫，借由我们的身体和心灵的温暖——到达听者。

这很神奇：它简单却又意义隽永，且有历史的厚重感。萨尔曼·鲁西迪（Salman Rushdie）认为讲故事就像“流动的锦缎”[1]，是凡人类都喜欢的事。目前我们可以肯定的是，人类从旧石器时代开始就讲故事，只要有人类的地方，或者曾经有过人类的地方，就一定有故事。比如刻在泥板上的《吉尔伽美什史诗》是苏美尔时期的故事，比《荷马史诗》还要早 1500 年。再比如用梵语写就的古印度史诗《罗摩衍那》和《摩诃婆罗多》可以追溯到公元前 8 世纪和前 9 世纪。而盎格鲁撒克逊人的传

① 萨尔曼·鲁西迪给自己的儿子写了本童话故事，在书中他写道：“千百道水流，千百种颜色，编织成了流动的（故事的）锦缎，复杂多变，美得令人窒息。”

奇故事《贝奥武夫》也有逾千年的历史。还有冰岛的《沃尔松格》传奇、马里的史诗《松迪亚塔》、威尔士的《马比诺吉昂》和来源于波斯、埃及和美索不达米亚的《一千零一夜》，还有19世纪芬兰民族史诗《卡勒瓦拉》，等等，不胜枚举。

这些故事开始时并没有被印在纸张（或刻在泥板）上，但有人把它们记在脑海中并广为传播。早在古腾堡发明活字印刷术之前，在修道院的僧侣们不辞辛劳地抄写手稿一千多年以前，人类的历史、诗歌和民间故事的主要存储器就是大脑，而传播人类文化财富的主要途径则是声音——一代又一代人口耳相传。

在古希腊，我们可以听到游吟诗人的声音；在古印度，博闻强记之士叫多闻。北欧的游吟诗人叫北地诗人，日本叫落语大师，中世纪的欧洲则称之为杂耍游唱艺人、游方艺人和抒情诗人。在北美原住民部落中，萨满会让故事代代相传。在西非，流动的部族说唱艺人和讲故事艺人、音乐家被称做活的档案。

即便后来人类社会将故事和历史交给了印刷术，人们仍然需要声音来帮助他们理解书中的文字。实际上，直到10世纪，文字并不是用眼睛去看的，也不是用心灵来静默思想的，而是用来大声朗读的。苏美尔的楔形文字，埃及的象形文字，亚兰语、阿拉伯语、希伯来语的手稿，各种手抄的经文——人们在朗读这些不同的语言和文字时，会通过读出来的字句想象出情景。最早的《圣经》是用亚兰语和希伯来语写成的，阿尔伯托·曼谷埃尔（Alberto Manguel）在他的《阅读的历史》中指出，在这两种语言中，阅读和说话没有差别，用的是同一个词。佛教和印度教对说话也同样推崇。如果说大声诵读算不上佛教禅修，那什么才算呢？在拉玛节的时候，印度人要朗读《罗摩衍那》（19世纪晚期一位到访印度的英国人说:“甚至听一听就获益良多。”)。

我们已经习惯了看书、看电脑或者看手机时不出声，但实际上以前人们觉得默读是很古怪的行为。普鲁塔克在他的著作中讲述了大约在公元前 330 年，亚历山大大帝默读母亲的来信如何让士兵们感到莫名其妙，这说明当时默读这种做法并不多见。六百多年后，奥古斯丁亲眼看见了米兰主教安布罗斯在其居住的小房间内默默地阅读手抄稿。奥古斯丁对安布罗斯的这一技能颇为惊奇，并在《忏悔录》中赞叹道，“他不用发出一点声音，也不用动一下舌头，只需用眼睛扫过一页纸，便能在心中理解其意义。”

阿尔伯托·曼谷埃尔认为，对于奥古斯丁而言，“朗读出来的语句是书面文字本身复杂的一部分”。但我们现代人并不这么想。我们觉得书写的文字本身就有分量，严肃而庄严。我们开玩笑说:“这一定是真的，我在网上看到了。”在网络没有出现之前，我们就是这么看待书的。

不过但丁认为，口头言语——即我们说的语句，词与词之间的停顿以及音调的变化——才是语言。文字把流动的思想与言语变得更加清晰明确，因而言语变成文字的过程实际上是一个翻译的过程。也就是说，今天一个女孩子听爸爸或妈妈朗读《伊利亚特》或者《奥德赛》的缩略版时，她所听到的内容至少经过了三次翻译。首先，古希腊时期的口头言语被翻译成书面语，然后被翻译成英语书面语，最后，家长将英语版的文字从书本中解放出来，变成口头言语。

被解放出来的文字简直不可思议，因为几乎所有人都可以毫不费力地从中吸收营养。朗读者要想把故事呈现给听众，必须付诸努力，但听众只需竖起耳朵，专心聆听即可。无论他听的是某个人记忆中的故事、诗歌还是书本，他听到的都是口语化的、鲜活的内容。

个体学习语言的第一步是从口头言语开始的。我们先是听，然后慢慢会说，而读写能力只有通过大量的后期学习才能获得。研究数据表明，并不是所有的美国高中毕业生的读写都能达到熟练程度。根据联合国的统计，全球大约有 14% 的成年人不会阅读。如果说不识字是经济发展的障碍，但它却丝毫影响不到人们听故事的乐趣，无论是不识字的成年人，还是年龄太小、不具备学习能力或者对文字还没有概念的儿童都能从中找到乐趣。他们的感受和 14 世纪时围拢在一起听乔叟讲《坎特伯雷故事集》的男男女女们一样，和 18 世纪时急急忙忙跑去听说唱艺人讲故事的非洲马里的村民们也一样：口述故事的传统给他们带来快乐，让他们平和安宁。

* * *

故事是怎么开始的呢？“在很久以前……”大英博物馆双耳细颈瓶一侧的游吟诗人讲道。故事的开头的确具有某种魔力，无论是我们最熟悉的“在很久很久以前”，还是印度尼西亚故事中常见的“是……还是不是”，或者是牙买加人讲故事常说的——“很久以前，那会儿世界很美好。猴子们咀嚼烟草，然后吐出白灰……”这些语句比小精灵的动作还迅速，一下子就能打开通道，把我们从现实中引领到故事的世界，那里或真实，或奇幻，或两者兼有。“故事的开头有无数种，谁能把它们列全呢？”文学评论家劳拉·米勒（Laura Miller）曾经提出过这个问题。“讲故事的人清清嗓子，表示故事要开始了，听故事的人则立刻集中注意力，接下来两方将进入一种比人类的记忆还要古老的状态。故事能让我们暂时脱离自己所存在的时间和空间的束缚。仪式开始，讲故事的人或许会沉默片刻，或许会改变语调……这是在告诉我们，一种特殊的语言——故事的语言，即将登场。”

不久前一个秋日的下午，一位校长把麦克风递给了一个穿着短裤、T 恤和绿色袜子的 12 岁男孩，这是故事仪式的开始。整个上午，马里兰州郊区这所男校的学生们都踊跃地参与了“游吟诗人”比赛的预赛。我看着沐浴在阳光下的男孩子们轮流站到露天剧场的石台上背诵诗歌。有些诗歌很短：至少有两名男孩子选的是阿尔弗雷德·丁尼生的《鹰》，这首诗歌只有短短的 6 行；不过也有个四年级的孩子背诵了 G. K. 切斯特顿的《勒班陀》，背了大约 10 分钟之久。50 多个小选手散开坐在台阶上，他们的专注让我非常惊讶，尽管全神贯注的老师们对他们多少也有些正面影响。

预赛结束后，所有学生都涌进体育馆，一睹决赛选手的风采。你可以想象那副热闹的景象。500 多个 9 到 18 岁的孩子你推我搡地找位子。令人震惊的是，当校长把话筒交到一个五年级孩子手中时，整个体育馆一下子安静了下来。这个孩子取得了小学组预赛的冠军，现在他将要背诵的是文学殿堂中最痛苦的告别场面，出自《伊利亚特》第六卷。

“女管家说完之后，赫克托耳便转身离开他的家，循原路又走了回去，”男孩的声音清晰而响亮，“他穿过那座大城，来到斯开埃城门，打算穿过门洞，下到特洛亚平原，这时他的妻子安德罗玛刻，厄厄提翁的女儿向他迎面跑来。”

赫克托耳并不知道这是自己最后一次见到妻子安德罗玛刻和襁褓中的孩子——“像一颗晶莹的星星般可爱的”阿斯提阿那克斯，虽然他心中有所预感。安德罗玛刻恳求丈夫不要走：“不幸的人，你的勇武会害了你，你也不可怜你的婴儿和将要成为寡妇的苦命的我。”

赫克托耳似乎能预见到悲惨的结局，但他必须浴血奋战，因为尊严与荣耀在召唤他。在与妻子诀别的时刻，他努力去面对摆在他们面前的命运：一旦被希腊联军打败，等待自己的将是惨烈的死亡；等待妻子的将是被俘为奴。他希望自己先死，这样就不用看到妻子受苦："但愿我在听见你被俘呼救的声音以前，早已被人杀死，葬身于一堆黄土。"

赫克托耳被自己的话所感动，他伸出手来想要抱阿斯提阿那克斯，但孩子看到了父亲闪着寒光的铠甲与头盔顶摇晃的马鬃，因为害怕而把脸藏进了保姆的怀抱。

"他的父亲和尊贵的母亲莞尔而笑，"孩子走了两步，慷慨激昂地背诵道，"那显赫的赫克托耳立刻从头上脱下帽盔，放在地上，那盔顶依然闪闪发光。他亲亲亲爱的儿子，抱着他往上抛一抛，然后向着宙斯和其他的神明祷告说：'宙斯啊，众神啊，让我的孩子和我一样，在全体特洛伊人当中名声显赫，孔武有力，成为伊利昂的强大君主。'"

我环顾整个体育馆。有些孩子在座位上坐立不安，但没人讲话，也没有孩子显得百无聊赖的样子。

赫克托耳叫着说："朱庇特，让我的孩子和我一样，成为特洛伊的首领吧；让他的力量不比我逊色，让他用他的力量统治特洛伊。日后，他从战斗中回来，有人会说：'他比父亲强得多。'愿他杀死敌人，带回血淋淋的战利品，讨母亲心里喜欢。"他这样说，把孩子递到妻子手里。她把孩子接过来，搂在馨香的怀里，含泪而笑。

过了一会儿，这一幕结束了。孩子们跺脚，鼓掌，欢呼喝彩，掌声如雷鸣一般。这个瘦瘦的、与众不同地穿着绿色袜子的孩子，就像有一只巨手，把荷马的史诗与英雄的悲情从遥远又陌生的过去带给了生活在现代的孩子们，且如此扣人心弦。

你或许以为荷马——这位两千五百年前古典希腊时期留着络腮胡子

的游吟诗人与今天体育馆的男孩并不会产生真正的联结。但其实他们是一脉相承的，因为朗读——它吸引着我们，丰富着我们——不能只看外表，重点在于讲述。

✵ ✵ ✵

1858 年，9 月的一个早晨，英国北约克郡哈罗盖特市，查尔斯·狄更斯正在给众多听众朗诵自己的小说《董贝父子》，一个男人边听边哭泣。这个男人好像以为故事里 6 岁的保罗·董贝之死是他的错，虽然小说作者近在眼前，但他仍然抑制不住自己的悲伤。“他痛苦了一场之后，”狄更斯在给弟媳的信中写道，“用双手捂住脸，靠在前面的椅背上，久久不能平静。”

狄更斯还在听众里看到了一个“大概 30 岁上下的非常棒的家伙”，他被故事里图茨先生滑稽的言谈举止“逗得乐不可支，眼泪都笑了出来，只好用手帕去擦。每当他预感到图茨先生又要出场的时候，便开始大笑，继续擦眼泪，等到图茨先生真的出现时，他会大叫一声，好像激动得不能自已”。

《雾都孤儿》《艰难时世》以及《远大前程》等小说让查尔斯·狄更斯炙手可热，他是 19 世纪的 J. K. 罗琳。当时美国的忠实读者们是如此担心《老古玩店》中小内尔的命运，以至于有成群的民众蜂拥冲到纽约的码头，以求能第一时间看到最新的连载，这和 150 年后众多粉丝半夜排队等在书店外面，以便在第一时间看到《哈利·波特》系列最新出版的书是一样的。

在狄更斯那个年代，家庭成员一起朗读是非常常见的家庭娱乐方式。早在狄更斯出生前 100 多年，这种做法就已普遍为英国人所接受，原因是认字的人越来越多，书本和杂志也越来越普及。阿比盖尔·威廉姆斯（Abigail Williams）在《书籍的社会生活》中写道："人们用非常不同的方式来分享文学：一起朗读是一剂镇静剂，是一场演出，是艺术品的伴奏，是消磨漫长的旅途或漫漫长夜的一种方式。他们把一起朗读看作是兴奋剂，是成长进步的源泉，它不仅能打发无聊，还是营养品，和呼吸着新鲜空气散步一样对健康有益。"

朗读本是个再平常不过的消遣，后来却成了时尚。风起云涌的朗诵运动吸引了来自社会各阶层的有志者——从烘焙店的学徒到神职人员，再到贵族妇女——他们迫切地想学会如何自信优雅地朗读。一个人如果朗读出色，就会获得一定的社会声誉，反之则要面对难堪和窘迫。朗诵指导老师告诫大家，一定要避免千篇一律，绝不能"像个一无所知的男孩，根本不明白自己读的内容"。（史书记载了一则著名作家简·奥斯汀的轶事。1813 年的某个晚上，奥斯汀的母亲非常蹩脚地朗读了她的小说《傲慢与偏见》中的一段。"虽然她完全能理解书中的角色，"奥斯汀在写给姐姐的信中吐露道，"但她却无法像书中的角色那样说话。"）

那时候朗读在公共场合是如此流行，以至于狄更斯的听众能够非常好地领会他的意思，每次开始前，狄更斯会请求大家："你们现在想象自己是和一小群朋友聚在一起听故事。"淑女和绅士们在人多嘈杂的公共场合一般会掩饰自己的情感，狄更斯这么做的目的是要让听众能全身心地沉浸在故事中，就像在私人场合一样毫不保留。从狄更斯的日记和信件中我们得知，他的听众的确做到了这一点。狄更斯是一位极有天分的朗读者，在朗读之前，他通常会花上几个星期的时间做准备。他在手稿边缘的空白处做了很多笔记，以提醒自己在朗读时要注意语气的转变（"兴高采烈的……肃穆的……悲怆的……"）和肢体语言的运用（"指向……战栗……惶恐地环顾四周……”)。

听众是付费的，所以查尔斯·狄更斯必须让他们满意而归，毕竟朗读的最终目的是挣钱。而现在多数人不用考虑钱的问题，我们和家人一起读书是出于爱，因而我们不用刻意精心准备。即便没有“战栗”和适时的“悲怆”，讲故事的效果仍然十分惊人。

* * *

当狄更斯在英格兰和爱尔兰给听众们带来享受的时候，大西洋彼岸美利坚的拓荒者们正在往西推进，他们还带上了狄更斯的作品。对于许多移民家庭而言，晚上与家人一起朗读杂志上的连载故事能让他们暂时忘却繁重的劳动——在荒无人烟的土地上锄草、种庄稼。最主要的困难是想要弄到刊载狄更斯、雨果等作家小说的最新杂志并不容易。自从1869年连接美国东西海岸的铁路通车后，邮件的寄送更顺利了，但谁也说不清楚心心念念的包裹、信件和出版物究竟什么时候能到。有位移民回忆道:“我记得那会儿对查尔斯·里德的一部小说特别着迷，里面的女主人公被人丢弃在了无人的荒岛上……这个故事连载在《每周六》杂志上，开始每周都能收到杂志，可等到我们都欲罢不能之后，5周的时间过去了，杂志却迟迟没有到，我们只能自己想象接下来的情节。”

罗兰·伊丽莎白·英格斯·怀德（Laura Elizabeth Ingalls Wilder）的《漫长冬季》如同小木屋系列的其他作品一样，取材于真实的事件，作者描述了和家人一起读书给拓荒家庭带来的慰藉和欣喜。1880年，圣诞节的前几天，在达科他领地的边境小镇迪斯梅特，罗兰的父亲从邮局带回一包好心人寄来的杂志和报纸。罗兰和两个姐妹玛丽和凯莉心里直痒痒，迫不及待地想翻开看，但她们得先把活干完。即时满足可不是她们父母的风格。

“来吧，姑娘们，”妈妈说，“把这捆杂志先放在一边。我们得趁天气好先把衣服给洗了。”等到姑娘们把所有的活都干完，天已经黑得没法读书了；家里的煤油又快用光了，而且大雪封了铁路，物资也运不进来。第二天，妈妈又把读书时间给推迟了，并且一直推迟到了圣诞节。

过了一会玛丽说，“我觉得这是个不错的主意。它能让我们学会自我牺牲。”

“我不愿意。”罗兰说。

“没人愿意，”玛丽接着说道，“但这样对我们好。”

有时候罗兰一点不想当个好孩子。她沉默了一会然后答道，“好吧，如果你和玛丽想这么做，那我没问题。这样圣诞节也算有些盼头。”

“凯莉，你觉得呢？”妈妈问道，凯莉小声回答，“我可以，妈妈。”

圣诞节到了，姑娘们先把所有的活干完，她们翘首以待的幸福时刻姗姗来迟：

“你们挑一个故事，”妈妈说，“我来读，这样我们就可以一起享受了。”

于是姑娘们挤在一起，坐在炉子和明亮的桌子中间，听妈妈用柔和而清晰的声音讲着故事。故事带着她们远离暴风雪的寒冷和黑暗。一个故事读完了，妈妈接着又读了第二个、第三个。她们已经非常满足了；要省着点，留到下次再读。

这边罗兰的妈妈给孩子们分配好了故事时间，另一边往东南方向大概两千多英里的地方，佛罗里达的古巴移民们正尝试着恢复一种做法，在他们的家乡被西班牙殖民者所明令禁止的做法。根据阿尔伯托·曼谷埃尔的著作《阅读的历史》中的描述，1865 年，一位名叫萨特尼诺·马丁内斯的诗人兼卷烟工人创办了一份专门给烟草行业工人看的报纸《拉奥罗拉》。“多年来，这份报纸不仅刊载重要的古巴作家的作品，也刊登一些欧洲作家的作品，比如席勒和夏多不里昂，还有书本和戏剧的评论，也揭露资本家对卷烟工人的残忍。”但这里有个问题。多数工人不识字，那时候工人阶级中能认字的人大概只有 15%。于是马丁内斯想出了一个办法，组织朗读者趁工人们工作时给他们读报。1866 年，第一位朗读者出现在哈瓦那的卷烟厂。工人们纷纷出钱，好付给这位朗读者报酬，换回的则是每天几小时的知识享受。

但遗憾的是，这个做法没有坚持多久。6 个月后，当局出面制止。如果不认字的工人能通过听来“阅读”报纸，他们就会产生危险的想法。于是这个做法后来在古巴就销声匿迹了。

但这一做法却在美国得到了复兴，19 世纪 70 年代，大批古巴人来到了佛罗里达。有位在基韦斯特工作的朗读者，他的儿子在 20 世纪末是这么回忆他父亲的日常安排的:“早晨，他给工人们朗读从哈瓦那水路运过来的古巴报纸上的国际新闻。从中午到下午 3 点，他朗读小说。他像演员一样，会模仿书中人物的口气。”日复一日手工卷烟是一项单调的工作，但朗读者的陪伴却为它增添了几分浪漫色彩。1873 年有本杂志的插图是一排留着八字胡，戴着短檐帽的男人，他们坐在木头桌上卷着雪茄，他们身后是一个戴眼镜、盘着腿的朗读者，手里拿了本精装书。这个场景看起来平静而有秩序，能让人感受到工人的勤劳。

就在这本杂志出版 5 年后，科学为朗读带来了巨大的飞跃。托马斯·爱迪生用一个手动的、覆盖着锡箔纸的圆筒第一次记录下了人类的声音。几年前人们复原了爱迪生所发明的留声机的音轨，如果仔细听的话，你甚至能在噼啪作响的噪音中分辨出一个男人大声唱《哈巴德大娘》和《玛丽有只小羊羔》的声音（或许就是爱迪生在唱）。这个男人边唱边时不时大笑，十分有趣。实际上爱迪生对自己的发明设计居然能成功感到很惊讶。“我这辈子也没这么惊讶过，”他说，“我总是害怕那种一次成功的东西。”

要是爱迪生知道那是人类历史上意义重大的一刻，我想他一定会选一首高雅的诗歌来朗诵。不过人类第一次用机器记录下来的声音是儿歌倒也有其合理之处。毕竟，当时这项技术还处于婴儿期。待其成熟之后，将会改变一切。

* * *

20世纪30年代，一种新的“游吟诗人”走进了英国美国的千家万户。和人类相比，它们读再长的故事也不会累，因为它们是机器，可以播放“有声读物”录音的机器。对于有些人来说，这种机器的出现正是时候。

第一次大战结束后，大量的士兵返回家乡，有些人身受重伤，很多人被可怕的化学武器夺去了光明。成年后失明的人不仅要面对无边无际的黑暗，还会突然丧失阅读能力。理论上来说，失明的老兵可以用指尖学习布莱叶盲文，但说起来容易做起来难。布莱叶盲文和其他第二语言一样，成年人学起来会特别费劲。失明老兵的困境使得一个本已启动的项目更加刻不容缓。

“当时大家认为这些老兵需要培训，需要从各个方面获得精神和情感上的滋养。”伦敦大学教授、《有声书鲜为人知的故事》一书的作者马修·鲁伯里（Matthew Rubery）说。

最早出现的录音有声书包括《圣经》（BBC 的广播员以一口做作的英国腔朗读的《约翰福音》）和一些小说（包括约瑟夫·康拉德的《台风》和阿加莎·克里斯蒂的《罗杰疑案》）。对于失明老兵而言，有声书是极大的慰藉。失明的老兵们以前只能指望家人或者义工为自己读书，且不谈他们读书缺乏风格和技巧，他们还会跳过那些自认为粗俗不雅或者不适合听众的内容，现在老兵们终于可以听到自己喜欢的故事了。

但有声书出现在上下班路上，真正走上商业化的道路，进入更广阔的大众文化，却是 20 世纪 70 年代中期的事情。并且在很长一段时间里，有声书给人一种并非严肃阅读的感觉。有声书虽然囊括了作者写的所有内容和思想，但人们觉得它总归不是书，也不好意思说自己读完了整本书。听书好像是作弊一样，是不是？面对这样的问题，有声书的支持者一定会感到遗憾，甚至有些愧疚。

今天有声书已经是一个 35 亿美元的产业，为数百万人带来快乐和教育机会。但实际上人们对有声书接受度的转变也就是近几年的事情，毫无疑问，科技的发展促成了这种转变。2010 年，马修·鲁伯里准备写一本关于有声书历史的书，他四处筹集资金，好不容易才说服几位资深学者为他担保。很多人都认为他写的不是什么正经书。几年过后，书稿都快写完时，资金却纷至沓来。这说明有声书已经实现了它的文化征服。

为何不听有声书呢？它的效果令人赞叹，价格却如此低廉，如果有图书馆借阅卡的话，甚至可以不用花一分钱。世界上最卓越的朗读者会把我们喜欢的任何书籍直接传送到我们的大脑中。就像古巴的卷烟工人一样，我们可以一边辛苦工作，一边遁隐于文学或者非文学作品的世界。

对于非常忙碌的读者而言，播客和有声书是一种福利；对于双目失明或阅读欠佳的人而言，它们是一种上天的恩赐。马修·鲁伯里告诉我：“很多有读写障碍的人对我说，有声书对他们意义重大，把他们痛恨的阅读变成了一种享受。”

从爱迪生的发明到虫胶唱片、黑胶唱片、录音磁带、CD，再到流媒体，再到2018年潮流回归，黑胶有声书又受到了一部分人的喜爱。现在的新款车型都配备有方便司机听智能手机音频的装置。将来孩子们再也不用像我们小时候一样，笨手笨脚地从易碎的塑料盒中拿出磁带，他们的父母也完全不理解我们这一代父母手忙脚乱的恐慌——在高速公路上一只手握方向盘，另一只手从CD盒中拿出CD放到车载播放器中，同时还得安慰后座不耐烦的孩子，“等一下，故事马上就来了……”

这对于我来说是温暖的记忆，虽然那些塑料盒子令人发狂。长途旅行时我和孩子会一起听彼得·丹尼斯读的《小熊维尼》和马丁·贾维斯读的《柳林风声》。孩子们是这两部有声书的忠实听众，每次我讲这两个故事的时候，他们都要求我必须模仿彼得·丹尼斯和马丁·贾维斯的语调。直到今天，孩子们还会用故事中的话语来形容自己的感受，比如《小熊维尼》中的小猪皮杰在小驴屹耳的生日会上拿着气球到处跑，结果气球在它面前炸了，皮杰感觉“自己孤零零地在月球上”，现在我的孩子们迷茫难过时，也会这么说。

有声书和播客是如此引人入胜，好处如此之多，要是说它各方面都不如真人朗读，实在是有些冒犯。或许有人认为它们实际上比真人朗读还要好：业余的朗读者要面对语言和断句等问题，而经验丰富的专业朗读者，比如朱丽叶·史蒂文森或者吉姆·戴尔朗读起来则是一气呵成。从某些方面来看，优秀的朗读作品可以媲美艺术品，如同大理石雕像或油画肖像画。但它也有缺点，比如朗读者与听者之间的关系是单向的。它不知道，也不关心听者的感受。提前录好的故事缺乏即兴的生命力，声音、耳朵和文字无法在瞬间共同作用，产生意想不到的效果。机器也不会停下来问你问题，不会进行比对，因而无法调动听者的积极性。它会一直放，直到故事结束，或者等听者关上机器，或者等电量耗尽。

这也是为什么我非常喜欢有声书，但只有在开车时才会退而求其次选择有声书的原因——尤其当听众是孩子的时候。让我有些惊讶的是，有声书历史学家马修·鲁伯里跟我的看法不谋而合，他告诉我："喜欢有声书的人经常会辩解说他们遵循的是古人读书的传统。人类听故事的时间的确比不出声阅读的历史要悠久。但是用耳机听德里克·雅各比读《荷马史诗》和古希腊人听游吟诗人讲《荷马史诗》是两回事。"

"我觉得其中涉及个体的因素，"鲁伯里继续解释道，"即便不是个体对个体——比如说一群人听一个人朗读——朗读者仍然能从听众中获得一些线索，他们是很感兴趣，还是在打哈欠等。当然，我给孩子读书时会通过各种方式回应他们。如果他们觉得无聊，我就要改变朗读方式。比如换一种声音，用不同的方式强调等。这是真人朗读的优点。"

这是真人朗读的优点，也是数千年来最优秀的朗读者和说书人一直在做的事情。不知为何，我们现代人未经仔细思索，就慢慢抛弃了这个丰富的文化传统。有些家长会在睡前给孩子讲故事，这非常棒。有些成人会用耳机听书，这也很好。但更多时候我们是在做其他的事情，我们长时间盯着电子屏幕，手指上下滑动——独自一人。

《奥德赛》中的一幕让我联想到现代人的困境。奥德修斯和手下离开特洛伊，踏上返乡的旅程，中途停留在一座不知名的岛屿上。担心岛上的人会发起攻击，于是奥德修斯派了 3 名水手先去打探情况。结果这座宁静的岛上的居民非但没有使用武力，反而给他们奉上可口的食物和甘甜的忘忧果。水手们只吃了一口，“便不愿回去报告，也不愿再回到家园；他们把岛屿当作家乡，不再流浪”。

今天的电子产品就像忘忧果一样，让我们乐不思蜀。有了 iPad 的幼儿，再也不需要玩具的陪伴；中学生们足不出户，从早到晚都在上网；青少年锁上卧室门，迷失在手机中的虚拟世界；成年人痴迷于社交软件，全然忘了厨房里的汤已经烧糊。

奥德修斯立刻看出了端倪，便用武力把 3 名水手带回了船。他说：“我把三个悲泣的人赶回了船，把他们绑在船柱上，其他人听我命令：‘所有人全部回船，不得上岸，不得食用忘忧果，不然你们会失去归家的希望。’”

荷马无论如何也想不到，今天人类的电子产品居然能有忘忧果的魔力。他为我们指明了解决之道。明智的人会让自己和家人远离电子产品，即便他们会难过悲伤，那也要让生命之船在文学史学家玛丽亚·塔塔尔（Maria Tatar）所说的“故事的海洋”上扬帆远航。分享故事让最初的人类茁壮成长。复兴这一传统，我们可以重拾旧日的快乐，这种快乐有无穷的魔力，能让人和人的心灵靠得更近。

Chapter 3

第三章

共同阅读让爱的纽带更加紧密

一个明亮的房间里嗡嗡作响

有一个 iPad 和一个在玩《毁灭战士》游戏的孩子

屏幕上是……

一只愤怒的小鸟冲上了月球

——安·卓伊德，《晚安，iPad》

2011年，在苹果公司的平板电脑面市一年半之际，有位才思敏捷的漫画家仿照玛格丽特·怀兹·布朗的经典睡前故事《晚安，月亮》，为“下一代人创作了幽默诙谐的作品”，并用笔名出版。在《晚安，iPad》中，墨绿色房间内原本宁静安详的气氛被完全打破了。淘气的小猫咪不见了。小老鼠也消失了，取而代之的是一只头顶发射声波天线的机器鼠。在老绘本中，壁炉中的火焰仿佛在噼啪作响，可《晚安，iPad》中的火焰却是用电脑屏幕模拟出来的，非常滑稽。一页一页往下翻，房间变得越来越暗，也越来越安静，兔奶奶要睡觉了，可一家人却乱作一团，全然不在意别人的感受。现在看来，漫画中拖着电线光缆的各色电子产品或许已经过时了，但《晚安，iPad》却道出了一个事实：这就是我们当下的生活方式。

电子技术几乎在每一个现代家庭都留下了印记。文化评论家弗吉尼亚·赫弗南（Virginia Heffernan）对此的看法颇为乐观，她认为互联网是“最有力地体现出人类创造力的最新之作”。这话或许有些道理：几十年的时间在人类漫长的历史中就如同白驹过隙，但这几十年形成的无形之巨网却已经吞没了现代社会。尽管想要逃离互联网的统治不费吹灰之力，多数人也不愿去尝试，因为它给我们带来了太多的新鲜事物：我们想搜索什么就搜索什么，想看什么就看什么，想跟谁说话就跟谁说话。可是……

我们可以像赫弗南那样对数字信息技术赞赏有加，认为它是“人类共同创作出的大型现实主义艺术作品”，但同时我们对数字信息技术的迅猛发展也会心存忧虑。电子屏幕以雪崩之势占据了孩子的童年，夺走了他们的时间。圣地亚哥州立大学心理学教授珍·特吉（Jean Twenge）指出，从 2006 年到 2016 年，美国儿童上网的时间翻了一倍。在 2008 年，大约只有一半的高中生使用社交媒体，现在这个比例已经超过了 80%。而上网并不能给人带来更多的幸福感。2012 年至今，随着智能手机和平板电脑得到普及，特吉和她的同事也注意到美国青少年的情绪幸福感直线下降。

“我们发现那些花更多时间跟朋友见面，运动锻炼，参加宗教仪式，阅读或者做家庭作业的青少年的幸福感更强，”特吉写道，“而那些花更多时间上网，打电脑游戏，使用社交媒体，发信息，视频聊天或者看电视的青少年幸福感则较差。也就是说，任何不涉及电子屏幕的活动会让人更快乐，而所有离不开电子屏幕的活动都会让人更不快乐。”

我们成年人似乎对智能手机和平板电脑集体成瘾。最近的一项研究表明，智能手机用户平均每天有 3 个小时的时间是在看手机。40% 的用户还不止这个时间，最长可达 7 小时。科技作家亚当·奥特（Adam Alter）指出，我们不仅把四分之一醒着的时间都贡献给了手机，并且没有丝毫不安。奥特认为，这会让人生变得贫瘠，而非充实。“每个月我们要花 100 个钟头的时间查看邮箱、发信息、玩游戏、上网、看推送、看手机银行等，”他写道，“这样算下来，我们一辈子将会白白浪费 11 年的光阴。这个数字令人震惊。”

聚少成多，11 年的光阴是分分钟钟积累的结果。除了手机，电脑、电视、游戏机也在消耗我们的时间和注意力。这点很重要，因为除了工作必须，我们对着电子屏幕的时间本可以用来做其他事情。电子产品成了生活的一部分，以至于我们无暇顾及身边的亲人和朋友。

数字通信技术让我们能与远方所爱之人互通有无，这一点毋庸置疑。遗憾的是，它也会让同一屋檐下的家人之间产生隔阂。

✵ ✵ ✵

不久前，得克萨斯州一家托儿所在门前贴了张告示，让前来接孩子的父母颇为错愕：

> 你们是来接孩子的！不要再看手机了！！！！孩子见到爸爸妈妈是多么高兴啊！难道你们见到自己的孩子不高兴吗？？我们亲眼见过孩子向父母展示自己的作品时，父母仍然在看手机。我们听到孩子喊“妈妈，妈妈，妈妈……”可父母更关注的却是手机，而不是自己的孩子。这实在太不像话了。不要再看手机了！！

火冒三丈、各执一词是公众对于这则告示的普遍反应。一部分义愤填膺的公众同情孩子，认为家长沉迷于电子产品而忽视孩子是不对的；另一部分人则支持家长，他们认为那些持反对意见的人并没有体会到家长的苦衷——去托儿所接孩子可不是挂掉有公司 CEO 在线的电话会议的正当理由。两方都咄咄逼人且言之有理，这恰恰体现出我们对于人类行为方式的改变感到有些许的不安。对于忙碌的父母而言，智能手机带来诸多便利，这一点无可否认——它是神奇的创造——但如果能退后一步观其全貌，评价智能手机的整体功用的话，我们就应该考虑到人类所付出的隐性代价。

事实很明显，数字技术让家庭关系变得紧张。父母和孩子在相处时，如果受到技术的干扰——比如大人接电话或者回复信息时，注意力必然会分散——这会让孩子非常不满。他们或许不会直接说出来，不过2017年宾夕法尼亚州立大学所做的一项研究表明，几次受到技术干扰之后，孩子们就会用行为发泄怒火。研究人员写道，“技术干扰无处不在，即使是父母和孩子在一起的时候，比如面对面交流的时候，还有一些日常活动，包括用餐或玩耍时，只要其中一方因对方使用电子产品而感到不快，这时候，技术就是在打断人际互动。”研究人员跟踪了170个家庭的生活，结果发现，技术干扰与儿童的问题行为，比如喜欢哭闹、过度敏感以及情绪失控呈正相关。

对于孩子来说，技术干扰仿佛在抹杀他们的存在。心理学家凯瑟琳・斯坦纳－阿黛尔在为儿童进行心理治疗以及为学校提供心理咨询时，总是会碰到一些诉苦的孩子，他们说自己的情感无处安放，感到困惑迷茫，因为无法获得父母的关注。她在《大脱节》中记录了一个7岁孩子的失望之情:“爸爸妈妈在家时多半时间都对着电脑，我感觉自己好像不存在一样，因为他们假装我不存在……他们甚至都不跟我讲话，完全不理会我。我觉得，呜，很难过。”

一位妈妈向斯坦纳－阿黛尔描述了她家的样子:“到了晚上，家里就安静得出奇，每个人都拿着自己的电子产品，对着小小的一方屏幕。哪怕孩子上床睡觉了，我和丈夫也不会真正地陪伴对方。我们面对面坐在餐桌前，可眼睛盯着的却是笔记本屏幕。”

这样的夜晚场景在成千上万家庭中上演。有趣的是，研究人员发现，早在平板电脑与智能手机普及之前，家庭成员之间的关系已经变得疏离。从 2002 年到 2005 年，加利福尼亚大学的科学家们记录了 30 个洛杉矶中产阶级家庭的生活，这些家庭的种族与文化背景并不全然相同。研究人员拍摄了每个家庭的工作日中午、晚上以及一个周末的生活实况，总共拍摄了两周。这些忙忙碌碌的家庭看起来非常令人艳羡：父母都有份体面的工作，物质颇为富足，还能享受到北加利福尼亚和煦的阳光和温暖的气候。他们就像肥皂剧里的理想家庭，房间杂乱却又不失温馨，两三个孩子在父母的陪伴下打打闹闹。

然而研究人员的发现却很出人意料，这些现代家庭其实很空虚。家庭成员待在一起的时间少之又少，平均下来，大约只有 14% 的时间是一起待在家的。将近三分之一家庭的父母和孩子从来没有同时在一个房间待过。正如研究人员所言，经过长时间的观察，他们发现这些家庭其乐融融或者心与心的近距离接触“一次都没有过”。

《村落效应》(*The Village Effect*) 的作者苏珊·平克 (Susan Pinker) 指出，这种情况令人非常不安。“大量证据表明，对于儿童的身心发展而言，与家人一起用餐以及与人交往起到的促进作用最大，”她告诉我，“可事实是很多人待在家里，与电子产品为伴。”不与人接触的非正常家庭一直存在，她说道，但“沉溺于电子产品只会让这样的家庭越来越多”。

* * *

有一个简单却十分有效的办法可以修复中空的家庭，它能促进家庭成员之间的交流，有效防止技术干扰，从而让家庭关系更加紧密。这个方法看起来微不足道，功效却很显著：一起朗读。父母应该每天花上一点时间，离开电子屏幕，在心与心的交流中建立与孩子的联结。

迈克尔·西姆斯（Michael Sims）是一名作家，小时候妈妈会读故事给他听，他感觉妈妈、故事还有自己都融合到了一起。“我的后背和身体两侧仿佛能感受到妈妈的声音。她的身体变成了故事的一部分，她把我也变成了故事的一部分。妈妈停下来深呼吸时，我的身体也跟着她微微抬起。”他回忆道。

这种体验我也有过，那是几年前我给孩子们读《金银岛》的时候，茉莉靠在我边上；刚学会走路的维奥莱特和菲比坐在我腿上；帕里斯吊在沙发背上，像只吃饱喝足的慵懒的小豹子。爸爸下班刚到家，西装还没来得及脱，就在地板上躺了下来。那真是美妙的时刻。

我们那会并不知道大脑会释放出“整束神经化学物质”，这是临床心理学家希拉里·卡什（Hilarie Cash）的原话，但我们当时确实体验到了。当我们与自己所爱的人近距离接触时，大脑就会释放出整束神经化学物质，它能让我们在情感与心理上趋于稳定。归根到底，人类是社会性动物，而不是社交媒体动物。充满爱意的陪伴会让人感觉好极了。

苏珊·平克所用的比喻比希拉里·卡什的更为强烈。她是这么对我说的：“当父母和孩子依偎在一起读书时，大脑会像海啸般释放出神经化学物质。它能显著缓解压力和焦虑。当父母用手臂抱住孩子时，孩子体内会分泌大量荷尔蒙，让他们感到放松，并促进相互之间的信任。”

父母与孩子被温暖和光芒所笼罩——这是儿童文学作家凯特·迪卡米洛的描述，而神经化学物质则从化学的角度解释了这一体验。书本就像篝火，它散发着温暖，通过阅读这个共同的目标，它能让自然的情感更加强烈。如果亲子阅读的恰好是关于爱、爱意的绘本故事，故事里包含刻意强化爱的语句——比如玛丽·墨菲（Mary Murphy）的《非常可爱的小家伙》（*Utterly Lovely One*）、山姆·麦克布雷尼（Sam McBratney）的《猜猜我有多爱你》或者艾米丽亚·赫浦沃斯（Amelia Hepworth）的《我爱你爱到月亮再回来》——父母轻柔地读出这些语句时，孩子会分外高兴。“父母可以通过书本与孩子进行情感交流。”亲子朗读推广人卡特里娜·莫尔斯如此说道。

一起阅读能给人带来安全感、秩序感，也是情感的联结，就如同按顺序把很多方块缝到一起做成被子，故事就像针线，起到了串联的作用。这不仅是个比喻，也是普林斯顿大学神经科学家们的发现。朗读故事时，无论是读的人还是听众都能感受到整束神经化学物质所带来的愉悦，或者说极度兴奋，而且两方的大脑活动是同步的，听众不是被动地接受语言信息，而是会预测接下来的内容，主动参与到故事中，这个过程叫神经耦合。

“讲故事的人与听故事的人建立了深层次的联结，”杰夫·柯尔文（Geoff Colvin）在其著作《被低估的人类》（*Humans Are Underrated*）中描述了这一现象，“我们不仅经历了同一个故事；我们与讲故事的人正在共同经历同一个故事。”

一起朗读故事并不需要耗费多少精力，但它所带来的情感奖励却要多得多，能起到事半功倍的效果。澳大利亚作家兼插画家梅·福克斯认为，父母如果能抽空坐下来陪孩子读本书，一家人就好似“一帮同谋者”，“书本让大家紧密联系，组成了个秘密帮会”。

令人惊讶的是，哪怕孩子再懵懂无知，朗读故事也能在父母与孩子之间建立情感联结。

✵ ✵ ✵

“我到了那儿，他们告诉我要和婴儿多说话，到后来能想到的话题都说完了，于是我们开始读书给孩子们听。”在华盛顿特区乔治城大学附属医院的新生儿重症监护室见到克莱尔·诺兰时，她是这么告诉我的。黄昏的监护室里一派繁忙的景象。医生、护士还有探访者在暮色中来来往往，低声交谈。监护仪嘀嘀作响，就像《晚安，iPad》里不断发出声响的电子设备。

诺兰坐在两部巨大的医疗仪器的中间，抱着瘦小的儿子戴尔。戴尔的双胞胎兄弟泰隆则在边上温暖又舒适的恒温箱中酣然入睡，一只泛着红光的小脚丫连着监护仪。泰隆的皮肤有些皱巴巴的，非常娇嫩，近乎半透明。他的体重只有一磅。

孩子的妈妈讲道，“我们先从小朋友的书开始读起，但是差不多两分钟就能读完。于是我们只好对着图片给孩子讲解，‘这里有只绿色的青蛙’。我还是觉得读书更有乐趣。后来我给他们读大人的书，不过这会让他们太早熟——虽然他们听不懂，”她笑着调侃自己的孩子，“我不想让他们提前了解大人的世界。”于是她和丈夫杰森开始读《哈利·波特与魔法石》。

戴尔生下来就比泰隆要幸运，因为他更重一些。爸爸妈妈读书时会把他抱在怀里。泰隆的体重只有戴尔的三分之一，身上布满了管子，想要依偎在父母身边是不可能了。不过父母的声音抚慰了他小小的身躯。

“我们知道父母的声音在孩子的神经发展过程中有着重要作用，”我和穆罕默德·卡比尔·阿布巴卡医生站在新生儿重症监护室离双胞胎不远的地方攀谈起来，他告诉我，“我们认为子宫里的孩子是能够听到妈妈的声音的，虽然并不能百分百肯定。他们听到的音量究竟有多小，我们无法得知，因为没办法把声音感应器放到子宫里，”他笑道，“没办法测量声音的分贝，也没办法了解孩子究竟能听到多少声音，他们如何理解声音。他们会不会只能感受到震动？”

我们知道新生儿天生就能辨认出父母的声音，尤其是母亲的声音，这个结论部分要归功于蒙特利尔大学所做的研究。苏珊·平克是这样描述 2011 年蒙特利尔大学所做的研究的：“母亲的声音唤醒了新生儿大脑中的语言通路……研究人员给新生儿播放陌生女性的声音和其母亲的只言片语，结果发现，后者能显著激发神经反应。”

* * *

孩子来到这个世界越早，他所面临的艰难险阻便越多。妊娠期通常是 40 周，重要的大脑发育是在妊娠期的最后几周进行的。根据英国贝尔法斯特女王大学 2011 年的研究结果，36 周出生的婴儿在 7 岁之前出现发育迟缓或者学业滞后的概率更高。父母和医生如果能做越多的事情促进大脑的活动越好。

E. B. 怀特的《精灵鼠小弟》或是乔治·塞尔登的《时代广场的蟋蟀》看起来与新生儿重症监护室先进复杂的医疗仪器不搭调。书本的原材料是纸张、油墨和胶水，是古老的手工制品；它是幼儿园艺术活动的一部分。然而，与人类的声音一样，这个古朴、古登堡时代的物件也是刺激婴儿大脑发育的利器——同时也能激发婴儿与父母的情感联结。

* * *

2017 年春，乔治城大学的研究人员结束了对朗读故事效果的小型研究，他们的研究对象是20名年龄在26周到34周的婴儿。研究人员对每个婴儿进行了90分钟的观察监控，仪器捕捉并记录下他们的生理状态——心率、血压、呼吸以及氧含量。如何给宝宝们读故事？这个操作起来颇有难度。有些婴儿是从偏远的小医院通过飞机转运过来的，因而父母亲不能经常来探访，也无法当面为孩子朗读故事。研究人员担心打开恒温箱的开口为宝宝讲故事会造成箱内温度的波动，毕竟没人愿意看到孱弱的婴儿挨冷受冻。

最后，团队确定的方案是用父母的录音。爸爸妈妈们事先把故事录好，长度从30分钟到45分钟不等，选择自己喜欢的故事即可。有位医学院在读的母亲从神经学专业书里找了部分内容读给孩子。有些父母选的素材是儿童书籍或祈祷书，甚至还有人读的是《华尔街日报》。

"恒温箱里比较湿润，而我们希望播放设备不会干扰它的正常工作，"团队里的新生儿专科医生苏娜·西奥说道，"我们发现了个好办法，把音频转存到小的iPod里，比如iPod Nano，然后通过蓝牙连接到安在恒温箱里的扬声器上。"她高兴地告诉我，"我们用分贝仪测量音量，确保音量在规定范围内，父母不在时，护士就可以播放录音。"

"宝宝们太喜欢听爸爸妈妈的声音了，"西奥医生说，"意想不到的事情发生了。"有个25周出生的女婴本来已经出现了各种并发症，比如颅内出血。两周后她的情况稳定下来，护士按下播放键，她就能在妈妈声音的陪伴下进入梦乡。这个纤弱的宝宝变精神了，开始在恒温箱中四处摸索。妈妈的声音绝对不是背景噪音，也不是毫不相干的声音，它能直抵孩子的大脑，它正如蒙特利尔研究所发现的那样，激发显著的神经反应，让大脑变得活跃。

乔治城大学的研究人员还注意到看似矛盾的一点：爸爸妈妈的声音

不仅能让大脑变得兴奋，同时也有舒缓的作用。在听到父母声音以及紧接着的一小段时间里，20名婴儿的生理波动变少了。“我们发现，宝宝们在这段时间里生理指标的变化更少，比如血氧饱和度——婴儿的生理状况更稳定，呼吸更均匀，心跳也更稳定，”阿布巴卡医生跟我说，“并且这个效果是持续的，至少可以持续1小时。”由于监测时长是90分钟，所以他的结论是至少1小时。如果延长监测时间的话，很可能他们会发现抚慰效果持续的时间也更久。

要知道这20名婴儿都非常孱弱，所以说这项研究的初步结论意义可谓重大。普通健康人要想保持血氧浓度稳定，呼吸均匀，心跳平稳并非难事，但对于生命岌岌可危的早产儿而言，要想顺利成长到40周，每一步都很艰辛。只有到了40周，他们身体的各个系统才会趋于健康，这实属不易。想想看，父母大声朗读就能让早产儿的心跳与呼吸平稳下来，这个效果多么神奇。爸爸妈妈的声音就是特效药。

“阅读可以促进父母与孩子间更好的互动。这一点我们非常肯定，”阿布巴卡医生说，“父母会因此更积极地参与到孩子的成长中。我们的看法是如果父母与婴儿能更早地建立积极的关系，回到家后这种关系持续下去的可能性就更大。父母坚持给孩子读书，不仅能促进双方更好的互动，也能促进孩子身体与智力的双重发展。”

乔治城医院新生儿重症监护室的小患者山姆·格林的经历恰好能说明这点。12年前，只在妈妈肚子里待了28周的山姆来到了这个世界，体重仅两磅四盎司。照片里刚出生不久的山姆又瘦又小，面色苍白，蜷缩成一团，身上布满了管子。山姆的妈妈萝莉每天晚上都给山姆的两个姐姐读故事，她决心对3个孩子要一视同仁。日复一日，萝莉都会来到新生儿重症监护室抱着山姆，让他长时间紧贴着靠在自己胸前，大声读故事给山姆听，这种以肌肤相亲代替恒温箱的护理方法在医学治疗上被称为袋鼠护理法。我们无从得知山姆究竟知不知道或者说有没有察觉到母亲的陪伴，但阅读的确让他的情况好转起来。“它在我和山姆之间建立了纽带，我觉得自己是有用的，虽然山姆的早产有些不幸，但读故事时，我会把他看作正常健康的孩子。”萝莉告诉我。

早产造成山姆肺支气管发育不良，从新生儿重症监护室“成功毕业”回到家后，山姆鼻腔内还插着氧气管，一直持续到他 8 个月大。到了学说话时，山姆出现了轻微的语言障碍。对于童年注定艰辛的早产儿来说，这都很正常。不过山姆的大脑并没有出现受损的症状，与正常孩子相比，他的认知发展也没有滞后。

这是萝莉读故事的功劳吗？在开始最危险的十几周，孱弱的山姆躺在妈妈的臂弯里，是不是妈妈的声音唤醒了他的大脑，从某种程度上弥补了山姆仓促来到人间的遗憾？单从一个孩子的经历我们无法得出可靠的结论。我们也无法得知如果妈妈没有读故事，他的智力会怎样。我们无法证明萝莉的故事是否起到了关键性的效果，也无法证实究竟讲故事的作用更大，还是拥抱的治愈力更强。是的，我们无从得知假如萝莉不给山姆读书后果会怎样，但乔治城大学的研究让我们看到了读书的实效。

✸ ✸ ✸

大人给婴儿朗读确有治疗作用，但在学习语言上的益处并不突出。诺兰夫妇在新生儿重症监护室给双胞胎儿子朗读 J. K. 罗琳的美好时光，将被永远地留存于旁人无法企及的珍宝箱中，那里储存的是他们的人生初体验。这些记忆文件是调取不出来的。

但婴儿会长大，他们蹒跚学步，接着长成孩子，然后变成令人惊叹的青少年，那些跟父母还有兄弟姐妹一起读过的故事就成了一种特殊的黏合剂，把他们牢牢地黏在一起。它能让家庭更团结，能帮助创造出梅·福克斯所说的秘密帮会，因为他们熟知这些故事中的词汇语句、人物与场景。

作为秘密帮会的成员，父母也受益良多。陪伴孩子阅读的时光仿佛把我们带回了过去，我们可以探访很久以前去过的地方，那时我们从未想过自己还会回来。我们和被巨鸟抓起的辛巴达一起在天空中飞翔；和公牛斐迪南一起在栎树下休憩；和蓝胡子的新娘一起，战战兢兢，蹑手蹑脚穿过锁着门的过道（啊，这可以拍成恐怖片了）。

布鲁斯·汉迪（Bruce Handy）在《狂野之心：成年人读儿童文学作品之乐趣》（*Wild Things: The Joy of Reading Children's Literature as an Adult*）中写道："对我而言，重新捡起自己小时候钟爱的童书是为人父之后最意想不到的惊喜之一，令人宽慰的是，我发现自己仍然喜欢这些故事。"

"与孩子分享这些令人惊叹的故事与艺术时，我能获得直接的快乐，"汉迪继续写道，"除此之外，给孩子读睡前故事还能让我回顾自己小时候钟爱的书本，我还发现，在我长大后只读'成人'故事的几十年中，涌现出了很多优秀的儿童文学作品。"

正如诗人威廉·华兹华斯所言："我们所喜爱的，别人也会喜爱，我们要教会他们如何喜爱。"这句话非常精妙地概括了父母与孩子共同阅读的过程。这般美妙的时刻是个良机，父亲应该拿出《瑞普·凡·温克尔》，让孩子接受熏陶，感受到父亲对于华盛顿·欧文的喜爱。父母也可以利用这时刻适时向孩子推销威廉·史塔克，他的儿童小说《多米尼克的冒险》与《老鼠阿贝漂流记》，以及无与伦比的《驴小弟变石头》，比《怪物史莱克》电影要有趣得多，也更长知识，而且《怪物史莱克》系列还是在威廉·史塔克绘本的启发下创作出来的。有些妈妈喜欢科幻小说，有些妈妈喜欢非虚构类读物，有些妈妈喜欢胡话诗或魔法故事，有些妈妈则喜欢基督圣徒的故事或《薄伽梵歌》，无论喜欢什么，都可以读给孩子听，每个家庭的故事各不相同，这些故事就像看不见摸不着的线，把母亲与孩子联结起来，把一家人联结起来。

父母与孩子组成秘密帮会，他们读的是相同的故事，熟悉同样的语句，这是让彼此之间变得更加亲昵的绝佳办法。我从自身的经历中领悟到了这个道理。前段时间我和三个小女儿一起去远足，路上我百无聊赖地拍起腿来。“皮皮抬起胳膊，打起了节拍。”弗洛拉轻声地念叨。我们都知道这句话是她从阿斯特丽德·林格伦的《长袜子皮皮去海边》中学来的，于是大家会心地笑了。

上了大学的帕里斯最近放假回家，他每次回来都像饿狼一样，四处找东西吃，我告诉他饭还没好。他长叹了一口气，“这里的情况不太妙”。正常情况下这样说话有些不礼貌，但我们都知道这句话是来自拉塞尔·霍本（Russel Hoban）的绘本故事《弗朗西斯的小妹妹》，于是我接口说出下一句：“麦片里的葡萄干找不到……”

每一个共同朗读故事的家庭都少不了这样的趣事。有位女士告诉我她特别喜欢小时候爸爸给她讲故事时夸张的语调。他讲路易丝·法蒂奥（Louise Fatio）的《快乐狮子》时会故意像约翰·韦恩那样拉长语调，可大家都知道这个故事是发生在一个美丽迷人的法国小镇。还有个爸爸在给孩子讲《叛舰喋血记》时会跟孩子一起挤在双层床的下一层以体验“被塞在甲板下面”的感觉。年轻的比阿特丽斯小姐是我们家的好朋友，她说她最期待母亲读《查理和巧克力工厂》，因为只要读到“巧克力”

这个词时，母亲就会往她嘴里塞一点好时巧克力。“妈妈还会讲《狮子、女巫与魔厨》，每讲到白女巫给爱德蒙吃土耳其糖果时，她也会往我嘴里塞一块。我很喜欢土耳其糖果，但哥哥姐姐们觉得它的味道像肥皂。”比阿特丽斯告诉我。

我们家会根据各人的喜好，依次回顾经典故事。在过去的 20 年中，我们大概每隔两三年就会重温《纳尼亚传奇》（除了《最后一战》，因为它过于伤感，所以孩子不让读）以及罗兰·怀德的《草原上的小木屋》系列。几年前，我重读了奥斯卡·王尔德的《快乐王子》和《好心眼巨人》，每次读起，都会潸然泪下。每过几年我们就会和门得特·德琼（Meindert DeJong）《六十个老爸的房子》中日军防线后的天宝一起划起舢板，为尤安·艾肯（Joan Aiken）在《威利山庄的狼群》中所描写的巨型巧克力而欢欣雀跃，“那盒巧克力足足有 1 平方英尺那么大，6 英寸那么厚，用紫色的丝带包着”。罗伯特·路易斯·史蒂文森的《金银岛》就是我们的荒岛求生指南，我相信每个遇上船只失事的人都需要它。我们循环阅读了弗朗西斯·霍奇森·伯内特的《秘密花园》与《小公主》，约瑟夫·鲁德亚德·吉卜林的《原来如此的故事》与《瑞吉特吉特维》，鲁斯·斯泰尔斯·甘内特的《我爸爸的小飞龙》。每过几年我们都会翻阅一下《多莱尔的希腊神话书》，还有吉连·克洛斯改编的儿童版荷马史诗《伊利亚特》与《奥德赛》，这两本书实属上乘之作，插画都是内尔·帕克（Neil Packer）。

彼之蜜糖，我之砒霜，这个道理大家都懂。就在不久之前，弗洛拉和我都觉得我们应该试着读读 J. R. R. 托尔金的《魔戒现身》。我们虽然在前几年把《霍比特人》读了几遍，但对于广袤的中土世界，我们顶多算略知一二，我觉得没有深入了解托尔金所架构的中土，实在是我的疏忽。托尔金对于我外公外婆那边的亲戚来说意义重大，这我知道。出于一种好奇心和责任感，我找来《魔戒》三部曲的第一部，和孩子们一起读起来。

遗憾的是，我们很难跟得上故事的节奏，脑海里也想象不出文字所描述的景象。故事开始没多久，霍比特人比尔博·巴金斯在魔戒的作用下消失了，托尔金描述了他给朋友和亲戚所留下的丰厚财产。描写统共用了6段，可我们读起来却感觉像6页。我注意到弗洛拉有些坐不住了。我们坚持读了下去，却不免开始泄气，但接下来故事中所出现的一个地名让我感到非常震惊。霍比特人弗罗多与他的同伴们必须及时赶到一个重要的目的地。出乎意料的是，这个地方对我来说既珍贵又熟悉：瑞文戴尔。

我的外祖父母是南非人，在我还小的时候他们移民到爱尔兰乡村，把自己的住所起名为瑞文戴尔。时至今日，我办公室的墙上还挂着一张装裱好的黑白照片，照片里就是瑞文戴尔，它面对大西洋，矗立在灌木丛生的山崖上；而托尔金笔下的瑞文戴尔是“大海以东最后一处精灵的庇护所”。

不知怎么的，我的母亲在快20岁的时候移居海外，因而错过了席卷她家的中土世界狂热。因为她自己没有读过托尔金的书，所以她也从未想过要读给我听。那么晚才跟外祖父母聊起托尔金，这让我遗憾而感伤。同时也有种内疚感，这个让外祖父母和全世界那么多读者为之热爱的故事，为何我不喜欢？幸而弗洛拉和我又重新开始读《魔戒现身》，但我们内心的抗拒与日俱增。两百页读完了，我们仍然提不起兴趣；同时又都不好意思半途而废。我们怎么能如此浅薄呢？如何能放弃这样一个让几代人回味无穷的故事呢？我们可能确实浅薄：最后我们放弃了。

讲这段经历是想告诉大家，给孩子读故事是建立亲子情感的一个方式——我们也可能错失这个机会。虽然弗洛拉和我会私下偷偷揶揄托尔金为何要费那么多笔墨描写迷雾山的景象，但失去与外祖父母建立联结的潜在机会所带来的遗憾也一直跟随着我。我和他们在瑞文戴尔度过了那么多美好的时光，却对瑞文戴尔的特殊含义全然不知，现在再读为时已晚。《魔戒》对我们家族所下的魔法，到我这里就失灵了。弗洛拉更不可能把它传承下去。

（对不起，外公外婆。）

* * *

错失机会，没有和祖父母建立情感联结确实让人难过，和现在的家人渐行渐远则更让人伤心。共同阅读的作用很神奇，它能加强情感纽带，可如果家人由于某些原因分开了——比如离异、疾病、军事任务、监禁、出差等——想要坐下来跟家人分享故事是不现实的。幸运的是，我们总有解决的办法。借助科技的力量来实现共同阅读或许有它的缺点，比如技术干扰的不利因素，却也是个了不起的补充手段。

2017 年春，海军陆战队指挥官罗伯特 · 内勒在华盛顿特区发表讲话，他向在场的听众讲起了军人家庭所做的牺牲。“我们无法观看孩子的体育比赛和演奏会，也无法参加孩子的毕业典礼。”他说只要是穿制服的军人，无论性别，都是如此。“孩子们不仅期盼着我们能在重大场合出现，也希望我们能出现在他们的日常生活中：一家人其乐融融地吃饭，陪他们写作业，周末醒来在爸爸妈妈床上蹦蹦跳跳，当然还有讲故事。我们的孩子因为父母不在身边而感到焦虑和紧张。我们一心一意专注于自己的任务，想要完成任务，可孩子不懂这些。他们只是觉得你没有陪伴在身边。”

在美国，父母有一方在服役的孩子达数百万，这些父母一旦接到军事派遣任务，就得离家 4 到 8 个月。从 2001 年到 2010 年，大约有两百万士兵曾经在伊拉克或阿富汗执行过军事任务。超过半数的士兵是已婚状态，大约 44% 的士兵至少有一个孩子。对于军方领导而言，了解这些家庭的应对状况十分重要。2016 年，兰德公司发布了一项报告，该报告详述了一项时长达 3 年的研究结果，研究首次追踪了军人家庭儿童与青少年的状况，记录了父（母）亲离开前、离开期间以及返回后的具体情况。然后研究人员将这些孩子与父母陪伴在身边的孩子进行了对比。

兰德报告指出，父（母）亲执行派遣军事任务的孩子不得不面对“特殊的应激源”，即“与父（母）亲定期的长时间分离”，这会导致“儿童情感、行为以及学业方面的不良结果”。之前的研究发现，父（母）亲执行派遣军事任务与儿童的焦虑、抑郁、攻击性行为、注意力不集中、学业困难以及和家人的矛盾相关。需要说明的是，出现以上问题的不仅是军人家庭的孩子，但无论如何，这却是他们必须面对的状况。

“7 岁的杰克是我最小的孩子，他原来有非常严重的分离焦虑。”爱丽丝·柯克告诉我。她的丈夫凯文是海军陆战队的少校，在杰克 18 个月大的时候被派遣到伊拉克，在这之前的 6 个月，他不得不在离家很远的工作地点执行军事任务。也就是说，他在杰克 1 岁大的时候离开了，直到一年过后，杰克才又见到爸爸。凯文和杰克会通过视频进行交流。在一个致力于通过朗读故事促进亲子关系的军事慈善组织的赞助下，凯文把自己讲绘本故事的过程录下来给杰克看，若干年前，他也是这么讲故事给女儿听的。丈夫凯文不在家的时候，爱丽丝就把这些视频播放给杰克看。

“但凯文回到家的那一刻我仍然很担心，”她跟我说，“他有两周的探亲假，杰克那时只有两岁，我害怕杰克不欢迎爸爸，担心他们连一个周末都相处不下去。”

第一天晚饭过后发生的事情让大家激动不已。爱丽丝把杰克带到浴室，给他洗澡，洗完又给他穿上纸尿裤。穿好后，“杰克起身跑出浴室，穿过卧室，绕开躺在卧室地板上伸懒腰的凯文，经过过道，回到自己房间”，爱丽丝说道。杰克从书架上抽出《好奇猴乔治》——这是爸爸通过录像给他读的最后一本书——“接着跑回凯文身旁，转过身，坐到凯文怀里，把书递给了他。”

远距离阅读奏效了。它让父亲与儿子之间的联结得以继续。在过去的 10 年中，凯文·柯克与妻儿多半是分离的状态（杰克 5 岁了，其中有 3 年的时间爸爸不在身边）。但这个家庭从未出现过兰德报告中所指出的重新融入问题，比如困惑、家庭成员之间的疏离、冲突，或者抑郁。凯文与爱丽丝都认为这是朗读故事的功劳。

“尽管凯文是通过屏幕讲故事的，杰克仍然愿意与爸爸依偎在一起，听他讲《好奇猴乔治》，”爱丽丝告诉我，“我总是拿着书给乔治讲故事，所以他知道就应该这么听故事。在我们家，阅读是必须的活动，它能给孩子带来心灵抚慰。全家应该共同参与。”

对于他们 11 岁的女儿麦迪逊而言，讲故事在以另外一种方式起作用。麦迪逊是个早慧的姑娘，她打算试着读读苏珊·柯林斯的《饥饿游戏》。“凯文也抽出时间和女儿进行同步阅读，他录下自己读书的过程，并提出自己的疑问，以和女儿进行进一步交流。因为麦迪逊已经能自主看书了，所以凯文不必再读故事，但他仍然陪伴女儿阅读并鼓励她思考：用她可以理解的方式引导她去思考军事决策和政治决策。《饥饿游戏》给父女二人带来了深层次的体验。”

为他们提供支持的军事慈善组织“藉阅读团聚”（United Through Reading）是由贝蒂·莫伦布洛克于1989年成立的，她的丈夫是位海军航空兵医生，他从越南战场回到家后，女儿却认不出他来。莫伦布洛克希望其他军人家庭能免于同样的痛苦，书本和阅读就是袪痛的良方。该组织的总部设在圣地亚哥，目前几乎所有的海军舰艇以及海军陆战队的图书馆都设置了专门的录像点，已经在驻军地形成了广泛的网络。军人可以在美国劳军联合组织（United Service Organization）——一个非营利组织——所设立的75个中心录视频——在伊拉克与阿富汗，该组织还为士兵配备了流动录像车。

劳军联合组织通讯部的负责人泰勒·摩纳哥给我介绍了在伊拉克与叙利亚边境的交接小分队的情况。“他们每拿到新书就会支起帐篷与录像器材，海军陆战队员们卸下身上的行李，坐在小小的帐篷里，把自己讲故事的视频录好，然后这些视频会通过部队的物资供应链运回国内，交到家属手中。”“即便是在边境上渺无人烟的地方，我们也想方设法为他们提供帮助。在短短5分钟的时间里，他们可以坐下来为自己的孩子读本书。”

该项目的效果令人瞠目结舌。2017年，劳军联合组织对参加该项目的三千名军士进行了问卷调查。98%的家长报告孩子对父（母）亲执行派遣军事任务所引发的焦虑有所下降；99%的家长说孩子跟不在身边的父（母）亲的联结更紧密了；97%的父母认为讲故事让自己的压力水平下降了；99%的被调查者说孩子对书本和阅读的兴趣增加了。

“这是一种分享故事的家庭文化，”摩纳哥告诉我，“对于阅读的热爱将会传承下去。共同阅读的时光为家庭创造了一个让大家身心愉悦的特别之处所，它是无可替代的。”

✸ ✸ ✸

这种为军人家庭的父母和孩子提供支持的运作方式同样也帮助了那些因为父（母）亲被监禁而被迫分离的家庭，帮助家长与孩子保持情感的联结。在美国，父母一方被监禁的孩子大概有 270 万。活跃在特拉华州、明尼苏达州、伊利诺伊州、加利福尼亚州、肯塔基州、佛蒙特州、俄克拉荷马州、得克萨斯州、纽约州、新罕布什尔州以及其他地区的（包括英国）的非营利组织让成千上万的囚犯得以有机会通过录像为孩子讲故事。很多情况下，志愿者不仅可以给孩子寄送爸爸或妈妈讲故事的录像，也可以寄送童书。

最早发起这项活动的组织是“玛丽阿姨的故事书”，该组织是基督教监狱事工组织，于 1993 年成立于伊利诺伊州库克郡的女子劳教所。该组织为伊利诺伊州的 16 家看守所和监狱提供服务，后来肯塔基州与得克萨斯州也开展了类似的项目。

“孩子还在妈妈子宫里的时候就听到了父母的声音，这个声音是让父母与孩子心灵相通的最好办法，我们应该让孩子听到父母的声音，直到他们重新团聚。”已经当上祖母的斯图耶·布朗说道，在过去的 20 年中，她一直热心于肯塔基州的社区服务。

“这些年轻妈妈坐牢后会带来不好的影响，”她告诉我，“她们在录像之前，一定会花时间梳洗打扮，让孩子看到最美的自己。她们巴望孩子能看到自己。”

这项阅读活动有其独特的规定，布朗以及其他志愿者只能进入位于路易斯维尔郊区的肯塔基州女子劳教所，每年若干次。志愿者要接受全面训练与审核后方可上岗，每次进出劳教所前还要搜身检查。有关志愿者与犯人互动的规定同样严苛。志愿者与犯人只能在录像开始和结束时进行短暂沟通。

每次志愿服务的时间是一整天，志愿者要给大约25位妈妈录像。她们可以先向孩子简单介绍一下要讲的书。“我是妈妈。这是今天我为你选的书，我爱你，非常想念你，很快我就能见到你了，”布朗为我举例示范，“如果是绘本故事，她们可以整本都讲完，如果是小说的话，妈妈们通常会只读第一章，然后鼓励孩子继续读下去。”

“虽然我说不清楚，但我觉得这是个了不起的做法，”布朗说，“这不是件容易事。我不认识这些女囚犯，也不认识她们的孩子，我只是个籍籍无名的小人物。但它让我的信念更加坚定，因为我的绵薄之力，母亲与孩子之间的联结得以维系。”

“我带着书来到劳教所，坐在椅子上静静地听她们给孩子讲故事，”她柔声说道，“每次回家的路上都会泪流满面。”

* * *

与父母、孩子或者配偶建立稳固的情感关系不是一朝一夕的事情。一蹴而就听起来是很吸引人，但心理学告诉我们，情感的联结更多的是一种状态，而非终点，努力能让它变得更加强韧，忽视则会让它更脆弱。

一起坐下来读书，专注于同一个故事，这样亲密的举动会让家人的联系更紧密。如果相处中出现了一些问题，或是疾病、障碍、青春期让交流变得不自在——如果对话反而会让对方感到压力——阅读同一本书能让大家的精神振作起来，摆脱难堪的局面，好比搭起了一座桥，一座帮助大家渡过难关的桥。

* * *

直到儿子盖比长成了少年，丹妮卡与埃里克·罗姆莱才找到这座桥。盖比 17 个月大的时候，医生诊断他患上了严重的自闭症。时间一年一年的流逝，盖比就是不说话，而且也不明白周围的人在说什么。

“他小时候我们会给他念纸板书，”丹妮卡告诉我，“可是他没法安静地坐下来，到了他蹒跚学步的时候，我们心想，还是算了吧，他根本就没有在听。”

盖比的主要兴趣是看小孩子的电视节目。他会反复看《芝麻街》《紫色小恐龙巴尼》和《蓝色斑点狗》，有时候还会用几台设备同时看。如果父母或保姆带他去图书馆，他就径直奔向婴幼儿图书区，即便后来进入青春期后也是如此。

“于是我心想，”他妈妈说，“他永远都是这个水平了。”

但结果却出乎她的意料。

* * *

你好……梅根……在这个晴朗的下午……你感觉怎样？

这是年轻的心理医生娜杰拉在说话。用一根手指在无线键盘上打出这些话的人是盖比。

盖比这个样子看起来很有趣：那并不是一个晴朗的下午。一月下旬的天气非常寒冷，外面正哗哗下着冰冷的雨，汩汩的雨水带着地面上的落叶流进下水道。

18 个月前，有位心理医生向盖比推荐了一个治疗法——快速激励法，也就是我见到娜杰拉与盖比时他们正在使用的方法，从那之后，这个家庭一切都变了。盖比第一次能用完整的语句表达自己的想法。14年来，人们甚至都不知道盖比在听人讲话，他有情感，虽然不会张嘴说话，但是他会发声——他的声音听起来机智而自信。

不出所料，盖比的父母内心立刻充满了自责和感激之情。现在他们能以一种新鲜又美妙的方式来了解儿子了，盖比能够表达出自己的想法，虽然他说自己仍然受困于“摇摇晃晃的两三岁小儿”的身体。

丹妮卡与埃里克又开始读书给盖比听。他们跟盖比一起坐在沙发上，虽然他还是会动来动去，坐立不安，但他们知道这并不意味着盖比没有认真听（“就算看起来心不在焉，其实我也在听。”他说）。盖比的心理医生会大声朗读杂志报纸上的文章给他听，一周几次，爸爸妈妈读的则是青少年文学。盖比家住在郊区，我第一次见到他是在他家厨房，那时候他的爸爸妈妈已经给他读完了《哈利·波特》系列的第一本，他们也试着讲《饥饿游戏》（“但这本书算是告吹了。”丹妮卡说），盖比对洛伊丝·劳里（Lois Lowry）的科幻小说《记忆传授人》兴致勃勃，现在他们正摩拳擦掌，准备读谢尔曼·阿莱克西（Sherman Alexie）的《一个印第安少年的超真实日记》。

盖比用键盘打字，屏幕上出来一个词，娜杰拉就读一个，盖比解释道：我对屏幕……上瘾……但我最喜欢……的是……有人……整天……读书给我……听。

因为是靠打字沟通，所以我们交流的速度极慢。盖比的脑子转得挺快，但是他只能用食指一个一个地敲键盘，打出词句，来表达自己的想法。

我希望我可以……自己读书……可是……我的身体不听指挥。

我问盖比，妈妈读书的时候他的内心感受如何。

我感觉到了另外……一个地方……在那儿我是……完全……正常的。

盖比接着敲下去。

当然，我喜欢……靠近她……用我朋友说过的话……通过电影和书……我体验到了这个世界。

娜杰拉告诉我盖比有个朋友也是自闭症，他说过类似的话。

屏幕和键盘霸占了普通人醒着时候的多数时间——却拯救了一个困顿沉默的少年——科技既能奴役人类，也能解放人类，这真是令人啧啧称奇。传记作家朱迪思·纽曼（Judith Newman）提出了“机器的仁慈”这一说法，正是机器让盖比内心的情感和想法能发出声音，而为盖比的内心提供滋养的则是朗读。

“对于那些孩子似乎没法集中注意力的父母和家庭，你有什么想说的吗？”我问他。“他们应该尽一切努力给孩子读书吗？”

盖比开始打字。

是的……一百万次……都不嫌多。我们其实一直在听。

* * *

共同阅读的作用如此之重要。它能在原本疏离的人之间建立联结。如果说学步期儿童的脾气如汹涌湍急的河水般狂暴，那么共同阅读就是河面上的独木桥，它还能让父母几年后在面对孩子青春期的疾风暴雨时安然无恙。亲子阅读让我和孩子们靠得更近了，这是我的感受。阅读对于中学时代的帕里斯有奇效，他原本是个喋喋不休的孩子，可进了中学后变得沉默寡言，那真是个可怕的成长阶段。那时候我跟他并没有多少共同语言。他不肯再跟妹妹们一起听故事，不过他仍然乐意听我读书，前提是只有我们俩人。所以每天等两个小妹妹上床睡觉，姐姐茉莉写作业的时候，帕里斯就会到我在家里办公的房间，房间里四处堆满了书，像小山一样。

我们并排坐在古董沙发上，沐浴在柔和的灯光中，窗外是漆黑的夜空，一起读康拉德·里克特（Conrad Richter）的《森林之光》，那是个令人心碎的故事，讲述的是一个白人男孩由印第安人抚养长大，但根据1765年与英国殖民者所定的协议，所有被印第安人掠夺俘虏去的白人，都必须把他们归还给原来的白人家庭，他只好心不甘情不愿地被迫回到白人的世界生活。我们还读了凯西·阿贝特（Kathi Appelt）的《木屋下的守护者》，这部小说情节跌宕起伏，富于张力，所展现的人类的暴力令人震撼，人类的慈悲令人动容。

小说中发生了许多事情，我和帕里斯也在发生改变，这些我后来才明白。大脑分泌出的大量神经物质对我们很有裨益。我们的大脑处于神经同步的状态。我们又增加了许多人物角色、情节发展、文字语言的共同记忆。直到今天，帕里斯和我仍然记得那些一起阅读的夜晚，仿如刚刚经历。在妹妹们还小的那几年里，共同阅读帮助我们建立了实实在在的联结。

Chapter 4

第四章

绘本促进儿童发展

有一个小宝宝，

一，二，三，

站在他的小床里，

他看到了什么东西？

——珍妮特·奥尔博格与亚伦·奥尔博格夫妇

《躲猫猫》

翻开奥尔博格夫妇的经典绘本《躲猫猫》，首先映入眼帘的是一个穿着浅蓝色睡衣的男宝宝，扶着婴儿床站立着。从对开页的洞洞里，我们看到他一只手抓住白色木栏杆，另一只手伸向爸爸。

“皮——卡——布！”（“躲猫猫！”）

翻到下一页，洞洞所展现的是宝宝看到的景象：“他的爸爸在睡觉，在大大的黄铜床，妈妈还在梦乡，发卷戴在头上。”

《躲猫猫》于1981年在英国首次出版，故事温暖感人，读起来极富语言韵律感，展现了一个小婴儿平常却又兴奋的一天：全家人还沉浸在梦乡中，他就起床了；坐在高脚椅上吃早饭，外婆带他去散步，到了公园坐在垫子上玩玩具，然后外婆推他回家，吃晚饭，洗澡，和家人幸福地亲吻拥抱，然后酣然睡去。无论成年人是否还记得自己小时候的事情，这本书都会勾起他们的怀旧之情。这是个英国家庭，从狭窄破旧的房子我们可以看出，这家人的生活并不宽裕。客厅墙上挂着丘吉尔的肖像，绘本的最后一幅图中是爸爸穿上了军装，因而我们可以判断，故事发生在战争期间。故事结尾，爸爸跟孩子道过晚安，亲吻他之后就离家去了部队。

这本书看似简单，却是奥尔博格夫妇最受孩子青睐的读物，其中所包含的信息其实很复杂。书中的图画细致入微，让读者们忍不住思考推敲。婴儿的视角与大人的视角互为对照，既富有深度，又和谐统一。文字朗朗上口，孩子很容易就能感受到语言的格律和韵律。躲猫猫这个游戏能培养孩子的抽象概念，帮助儿童理解物体守恒的概念。如果大人用手挡住孩子眼睛，让他看不到自己，他就会以为你真的消失了，所以当大人再次出现时，孩子就会高兴得哈哈大笑。孩子的认知能力发展很快，待他们蹒跚学步时，就会明白事物并不会凭空消失，但他们仍然喜欢玩这个游戏，所以学步期儿童依然会喜欢《躲猫猫》的故事。

这本书似乎在提醒我们，要想吸引宝宝的注意力并非难事。那些往往被为生活而忙碌奔波的成年人所忽视的东西，《躲猫猫》中的小婴孩都留心到了：屋顶的鸽子，路过的小狗，“外婆披肩上被风吹起的流苏”。虽然故事的背景是在战争期间，但是这个宝宝却得到了足够的关爱，所以能茁壮成长。爸爸、妈妈、姐姐、外婆喜爱他，陪他玩耍，陪他说话，房间里虽然凌乱，但他们的生活很有规律，正是这样不起眼的平常日子为生活在世事变幻的广阔世界中的人们带来些许慰藉。故事非常圆满，可是似乎少了点什么。

你能猜出来少了什么吗？对了。从来没有人讲故事给宝宝听：外婆、爸爸、妈妈还有两个争相关心她的姐姐都没有。从这个角度而言，现实中坐在妈妈腿上听这本故事书的孩子，比书中的婴儿要更为幸运。

✵ ✵ ✵

朗读故事对于每个年龄层次的孩子都有好处，但它的效果在婴幼儿时期更为显著。其中的原因有许多，出生后的 3 年儿童大脑发育得最快，这是首要原因。朗读故事能为这个阶段的孩子的成长提供必要的养分：更多父母的关注，更多语言的输入，更多机会学习互相关心和共情。绘本故事能让父母与孩子相处的时光变得更为充实。这就好比在拿铁中多加了一些浓缩咖啡：同样一杯咖啡，味道却更醇厚了。

小说家雪莉·杰克逊（Shirley Jackson）用“晚间奇迹”来形容朗读故事的作用。把电子设备放到一边，拿出书本，孩子们安安稳稳地坐下来听爸爸妈妈讲睡前故事，在进入梦乡前，他们明显会更高兴，更可爱，也更乖。一家人结束了一天忙碌琐碎的生活——喂孩子吃麦片粥，洗脸，换尿布——终于可以安安静静地陪伴对方了。

但婴儿对这些事情几乎一无所知。就像新生儿重症监护室的宝宝们一样，他们并不记得自己听过《拍拍小兔子》或者《好饿的毛毛虫》。他也无法回忆起自己曾经坐在妈妈腿上听她讲《躲猫猫》。然而在宝宝学会与其他人互动之前，在他会对其他人报以微笑之前，在他能控制自己的头部，坐起来，或者获得足够的运动技能，能根据大人的指令在图画中找到小老鼠之前，他就在不停地汲取各种各样的声音，回应别人所表现出的爱意，并用他好奇的双眼学会分辨各种不同的物体和图案。要不了多久，他就会对霍格沃茨和百亩森林心生向往。从他来到这个世界的那一刻起，他就在不停地探究。为什么不呢？他有太多要学的东西了。

* * *

如果你学过一门外语——尤其是那种字母和句子结构跟自己的母语相去甚远、很外国的语言——或许你就会明白当我听到一堆让人晕头转向的音节所组成的词语时是何感受。日语对我而言就是如此，我 29 岁开始学习日语，学了两年却连日本的两岁小孩都不如，只会勉强说些无关紧要的客套话。

最开始听日语时，我感觉不到语言中的停顿。我搞不清词与词的间隔在哪里，更别提哪些是名词，哪些是动词。但经过练习和反复地听，我逐渐能分清一些简单的词汇。这个词的意思是“江河”或者“鱼”，那个音不是一个词，而是停顿，就相当于“嗯”或“啊”。

我越来越熟悉这些简单的词，能区分的词汇也越来越多。一段时间过后，我就可以辨认出明显的语法块，虽然词汇量仍然有限。要是我能继续学习更多的名词、动词、形容词、副词以及感叹词，并且达到一定的熟练程度，同时也学习一些俗语、惯用语和修辞——那么我的日语水平一定能让人刮目相看。遗憾的是，我并没有继续学下去，所以仍然停留在入门阶段。但学习日语的经历却能让我领略到孩子最开始学习母语的感受，当然这不包括那些天生就有听力障碍的孩子或者被残忍地与家人分开的孩子。

起初，从外面的世界隐约传来嘈杂的声响，那是妈妈的心跳，妈妈声音的回响。（至少目前科学家是这么认为的，阿布巴卡医生告诉我。）接下来是一个神奇的过程，孩子不断地听到自己的母语，他会把听到的语句分解成音节，积累多了，他会把音节拼成独立的词语。

“人们平时交流时的语速非常之快，如果不具备快速分组的能力，我们就无法明白对方在说什么。”莫滕·克里斯蒂安森说道。他是康奈尔大学认知神经科学实验室的负责人。母语的学习是非常复杂的活动，儿童不仅要辨认区分自己听到的声音，还要把声音与特定的意义对应起来，初步对应之后要继续听音辨音，判断意思，同时把它和之前的判断联系起来，以最终确定这些词的意思。这个过程被神经学家称为“语言映射”——儿童在遇到一个新词，不知道它的意思时，会建立一个模糊的假设。“扩展映射”也叫慢映射，指的是儿童会改进他对于词语意思的理解，循序渐进地将词语整合到记忆中。

儿童只要醒着就在听人说话，他以闪电般的速度猜测说话人的意思，并不断改进自己的判断。“可以肯定的是，儿童接触语言时间的长短非常重要。”克里斯蒂安森告诉我。听到的越多，掌握母语的可能性就更大，时间也会更早。

我们应该从一个特殊的角度来看待这个问题。对于婴儿和学步期儿童来说，周围环境中与他无关的声音似乎并没有什么作用，甚至可以说一点用没有。比方说两个大人站在那儿聊天，躺在婴儿车里的宝宝很可能会无视他们的谈话。最重要的是要有人乐意跟他们说话或朗读给他们听。正如一位研究人员所描述的，“要是无论听到什么都有用的话，那只要把孩子放在电视机跟前或者收音机边上，他们就能学会说话了。”

事实并非如此。机器教不会孩子说话——至少目前还不能。人类几千年的经验和数不清的现代科学研究都表明，孩子是跟着我们学会说话的。孩子们需要大人的关注，需要父母陪他们聊天、玩耍，需要有人讲故事给他们听。

✸ ✸ ✸

刚出生的婴儿与破壳而出的雏鸟似乎并没有多少共同点。但实际上他们不乏相似之处，他们都是新的生命，都需要指导。没有成年人的教导，孩子就无法学会语言，没有成鸟的帮助，幼鸟也不会婉转啁啾。（对于很多会唱歌的鸟类而言，父子即师徒。鸟儿引吭高歌的唯一目的就是吸引雌性的注意。所以灰头文鸟或白冠带鹀教幼鸟唱歌其实是在告诉儿子："我就是这么把你妈妈骗到手的。"）

如果幼鸟在成长过程与其他鸟儿是隔绝的，其后果将无法弥补。"没了老师，它也会唱歌，"宾夕法尼亚州立大学的一位研究人员肯定地说道，"但它的歌声完全比不上成鸟的歌声，旋律不动听，音调也不够丰富。"

类似的情况会发生在儿童身上。要想学会人类的"歌唱"，他们必须参与到互动性的对话中。"语言学习的本质是社会性。社交是孩子从语言中最先学到的内容之一，"克里斯蒂安森说，"很小的时候，我们就知道正常的对话应该是你说完我接着说。当孩子向大人咿咿呀呀表达感情的时候，父母会回应他们，这跟大人交谈的方式是一样的。"

婴儿从大人丰富的面部表情以及语调的抑扬顿挫中也能获得许多信息。在语言学习的过程中，情境关联与大人的回应非常重要。当然，缺乏情境关联，没有得到大人回应的孩子也能学会与人交流，只不过交流能力要差一些。毕竟孩子学起东西来如饥似渴，就好似生长在纽约布鲁克林的树木，它们会从周边的环境中汲取一切所需的养分，哪怕是植根于白垩沙土，而且常年见不到阳光。

话虽如此，近些年来一个悲惨的例子让我们对这个问题又有了更深层次的了解。1989 年秋，罗马尼亚的齐奥塞斯库政权倒台。该政府从婴儿时期就对孤儿进行制度化管理的做法也随之被公之于世。成千上万的孩子们生活在条件极为恶劣的孤儿院中，无人问津，无人关爱，缺乏外界刺激，更谈不上情感交流。小宝宝们仰躺在床上，只能看着空荡荡的天花板发呆。学步期的孩子形单影只地坐在铁床上，没有玩具，也没有书本，有时候还会被捆在床栅栏上，以防止他们到处乱跑。孩子的情感在沉默中慢慢被磨灭。户外活动的时候，保育员只会互相聊聊天，对孩子们视而不见，任由他们漫无目的地来回打转。

后来的测试表明，这些年幼的孩子受到了严重的伤害，他们的智商普遍比正常孩子要低，并且心理、神经以及生理都遭受了损伤。罗马尼亚孤儿院的孩子就像与世隔绝的幼鸟。它们可以发出声音，但歌声并不动听。

“孩子说话时，照顾的人给出回应，于是孩子也成了语言体验的参与者。但孤儿院里疲惫不堪的保育员每天要负责整间房子里的孩子，孩子想表达感情时，她们根本就无暇顾及。因此，这些婴儿最终放弃了尝试。”《罗马尼亚的弃儿》（*Romania's Abandoned Children*）一书的作者查尔斯·尼尔森（Charles A. Nelson）、内森·福克斯（Nathan A. Fox）以及查尔斯·则纳（Charles H. Zeanah）写道。他们对这些孤儿进行了 12 年的跟踪研究，尽力修复孩子之前所受的损伤。这项研究具有里程碑意义且令人信服。

布加勒斯特的孤儿们的悲剧让我们认识到，如果成人与孩子不交流、不沟通会带来怎样的伤害。它同时也提醒我们，来到这个世界的婴儿并不见得都能学会如何表达自己的情感，掌握自己的命运。他们需要周围的人激发他们的大脑，为他们指引道路。

* * *

科技能代替人类，教会孩子语言吗？

答案是肯定的，也是否定的。

父母的确可以购买号称能刺激婴儿大脑发育的游戏和应用程序。一些生动有趣的游戏、应用以及适合儿童使用的电子设备标榜可以让孩子认识颜色，学习基本的数学知识，并且标榜可持续生态的理念。根据《父母》杂志的观点，“一些苹果手机的应用程序不仅好玩，还特别方便儿童使用，能让你的孩子边玩边学”。Parents.com 网站则言之凿凿地告诉家长，“你们的孩子在放学后也能学习”，因为“手机和平板电脑上的游戏能让孩子的大脑在放学后依然保持活跃”。

这些说法听起来很有诱惑力，但有个事实却是电子玩具生产商与儿童游戏或应用开发者不愿面对的：他们产品的作用与真人的作用无法匹敌。人类并不完美，有缺点，会犯错，但迄今为止，就连硅谷的天才们也尚未发明出在培养教育孩子方面能赶得上真人一半作用的机器。一个愿意跟孩子说话，给他讲故事的母亲远远强过会讲故事的智能娃娃。

数不清的实验证实了这一点。2010 年，弗吉尼亚大学的科研团队对一款号称可以教婴儿词汇的畅销 DVD 进行了研究。该研究总共招募了 96 个家有婴儿或学步期儿童的家庭，学步期儿童的年龄从 12 个月到 18 个月不等，研究人员将这些家庭分成了三组。第一组家庭的父母跟孩子一起观看 DVD。第二组家庭的孩子独自观看 DVD。第三组家庭的孩子没有观看 DVD，不过研究人员要求家长在与孩子的日常对话中引入 DVD 中的目标词汇。

1 个月之后，研究人员对 96 个孩子进行了测试，结果发现 DVD 未体现出任何教育价值。不管孩子是独自观看DVD还是在父母一方的陪伴下观看，都没有任何效果。目标词汇就是没法穿过屏幕，进入到孩子的大脑。有趣的是，那些没有看DVD，但听到父母说目标词汇的孩子却能学会这些词。

同年，西北大学也做了一项旨在揭示视频教育价值的研究，研究对象也是96个宝宝，最后得出相似的结论：没有证据可以证明孩子能从屏幕中学到东西。2007年的一项研究则表明，看一个小时的DVD的婴幼儿比那些没有看视频的孩子平均要少学会6到8个新词汇。

纽约大学应用心理学教授凯瑟琳·塔米斯-勒蒙达（Catherine Tamis-LeMonda）认为，"孩子无法通过电子媒介、新科技产品学习，是因为没有情境关联"，这是指孩子在似懂非懂或者完全没听懂时，会立刻根据大人的话语适时改进自己的理解。塔米斯-勒蒙达是纽约大学文化、发展与教育中心的负责人，她花了很多时间观察婴幼儿，跟应用心理学领域的其他科学家一样，她对人类过度痴迷于科技产品忧心忡忡。

✱ ✱ ✱

我们都知道，在成年人的生活中，只要电子屏幕亮着，人与人之间的对话交流就会减少。交谈时有人拿出手机，让其他人观看搞笑视频或者读推特上看到的滑稽内容总是个不好的兆头。他心里想——哦，我一定要给他们看看，太搞笑了——而电子产品则——正在加载中——手忙脚乱的一通操作过后——大家说话的兴致已然全无。

对于儿童而言，技术干扰是个大问题。孩子会因为父母关注电子设备而忽视自己感到万分苦恼，有些孩子甚至会出现行为不端。

2015年，位于弗拉格斯塔夫的亚利桑那大学的研究人员对家庭在面对不同种类的玩具时的行为方式进行了探究。他们想知道哪些玩具最能促进父母与学步期儿童之间的对话。总共有 26 个家庭参与了研究，孩子的年龄从 10 个月到 16 个月不等，研究人员录下了这些父母与孩子的对话。他们给每个家庭分配了三种玩具：电子玩具（婴儿用的平板电脑、手机和电子农场模型玩具），传统玩具（厚实的木制拼图、形状分类盒和带图案的橡胶积木），第三种是 5 本有关动物、形状与颜色的纸板书。

“我来看看邮箱里有没有新邮件”，然后你突然发现自己已经对着电子产品 1 个小时了，可你却全然不觉。如果有过这样的经历，那么你应该能猜出研究人员发现了什么。电子玩具使得亲子对话与婴儿咿咿呀呀的时间直线下降。它们所发出的噪音让父母和孩子变得沉默。玩传统玩具时两方之间的对话要多一些。最能激发亲子对话的是纸板绘本。结果表明，给孩子读纸板书比玩传统玩具与电子玩具效果要好得多，它为孩子营造出了浓郁的语言成长环境。

“这项研究结果提供了有力的证据，我们不鼓励家长购买号称有教育功能的电子玩具。”研究人员写道，“研究也再次证实了前人的研究结果——给婴幼儿读书有其潜在的好处。”

读书之所以有益于婴幼儿的语言发展，有个不言自明的原因：书里包含词汇。但其实还有其他原因。通常纸板书里的词汇很有限，一页最多就一个单词，有的甚至只有图画没有单词。父母和孩子借由书本所产生的互动才是奇迹所在。我们还是以《躲猫猫》为例，坐在父母膝上的孩子不仅会听到大人读出文字，还能边看图画，边听大人讲解。比如小宝宝坐在椅子上那一页，父（母）亲自然会指着图画解释：“那个宝宝在做什么呀？是在吃早饭吧。看，勺子放在嘴巴里呢。”伟大诗人但丁认为，这样的闲谈对于将要学习讲话节奏的婴幼儿来说非常重要，它是每个人最早接触到的语言。

要想更好地理解为什么人与人之间的对话为何如此有效——为什么电子屏幕就不行——不妨先看看婴幼儿学习外语（非母语）的过程。2003年，华盛顿学习与脑科学研究所的医生团队发现，说英语家庭的宝宝能够学会汉语词汇，前提是得有实验人员担任老师，用汉语跟他们进行实时互动。这些孩子对屏幕上出现的、无法回应他们的老师不感兴趣——这些老师和情境无关。12年后，研究人员又有了新的发现。他们首次证实，通过婴儿的视线就能够判断出他们是否掌握了外语中的词汇发音。

婴儿大概两个月时开始与人有眼神交流。（对于父母来说，这真是个激动人心的时刻：他能看见我们了！）6个月大时，大约一半婴儿会主动转移视线：他们先跟人进行眼神交流，然后循着对方的目光转移自己的视线，对方看什么，他就看什么。这是宝宝的早期社交行为之一，等到了12个月，宝宝基本上都会这么做了。（除了自闭症婴儿。）

科学家们以17位来自英语家庭的宝宝为研究对象，他们的年龄都是九个半月大。在接下来的1个月中，他们总共上了12次西班牙语课。每次课25分钟，课上老师全程是用西班牙语给宝宝们介绍玩具，大声朗读，欢快活泼地跟他们聊天。研究人员让宝宝们戴上舒适的EEG（脑电波）头带，头带上装有感应器。借助这个装置，研究人员可以测量宝宝的脑部活动，他们分别在第一次课和最后一次课时，记录了宝宝们主动把视线从老师转移到老师所讲的东西的次数。

“婴儿主动转移视线的能力与他们的语言发展状况是一致的，并且能够预测出他们再大一些时候所掌握的词汇量的多少。”研究人员雷切尔·布鲁克斯后来在访谈中说。

大脑有它的识别模式，当它察觉到不同时仿佛会说，“哦，你说的内容我好像没听过，是新鲜事啊？”这项研究中的婴儿听到西班牙语比听到英语更敏感。而且，脑电波显示，上课时主动转移视线次数更多的孩子能更好地识别不同的语音。也就是说，研究人员通过读脑电波发现，他们已经学会了西班牙语中的陌生语音。

看了研究录像片段，我被实验的巧妙细致所打动。谈起研究和研究结论，以及不同的干预手段所得到的冷冰冰的统计数据是一回事，看到像布丁一样胖乎乎、软乎乎的女宝宝坐在地板上又是另外一回事。她好奇地歪着小脑袋，看着对面笑容可掬的老师拿出一只橡皮小黄鸭，接着又拿出一片假的吐司面包。小宝宝拿过面包，用柔软的小手来回翻看，很好奇。实验员老师是一个扎着马尾的年轻女子，她转过身用西班牙语跟宝宝聊天。她拍了拍面包，仿佛在说这是假的。小宝宝把面包举过头顶，挥舞起来，老师的目光与宝宝好奇的眼神相遇了。

“面包，”老师又说了一遍，“一片面包。”[①] 西班牙语中“一片面包”的发音很柔和，与英语中“玩具面包”较为尖锐的声音截然不同，在这样轻松愉快的互动场景中听到西班牙语的“一片面包”，小宝宝的确能记住它的发音，并在词汇测试中回忆起来。

这个场景中还有其他因素值得注意。在共同的探索中，通过声音和眼神交流进行沟通的过程中，年轻女子与宝宝还出现了一个所谓的“共同注意”的阶段。这个现象对于儿童而言有着非凡的教化的力量。

---

① 原文为西班牙语。

✸ ✸ ✸

1934年，莫斯科，一位风华正茂的心理学家因肺结核病逝，他的名字叫列夫·维果茨基。维果茨基在生前构建了认知发展理论，但他相信自己和摩西一样，只能得见应许之地却永远无法进入。在维果茨基死后的几十年，他的思想在西方影响甚微。但到了20世纪80年代，随着他的作品逐渐被翻译引介到西方，他的思想在理解儿童发展方面产生了广泛的影响。维果茨基认为游戏是帮助儿童实现自我发现的关键机制。他还认为，语言是帮助儿童学会管控情绪与行为、与他人建立关系的重要方法，越是能熟练使用词汇，儿童便越能更早地控制自己。

我们以为婴儿与学步期儿童并不具备自我管控的能力。一说到婴幼儿，我们脑海里经常会浮现出这样的卡通场景：一个哭泣尖叫，浑身散发着怒火，试图引起大人注意的宝宝；或者是一个情绪崩溃的两岁孩子，莫名其妙地突然大发脾气。尽管在现实生活中，孩子们很少会像动画片中那么可怕，但多少也有些相似之处。在成长的过程中，婴幼儿确实需要学会控制自己的情绪与冲动，学会与他人相处，学会关注和专注。这些能力都属于执行功能，它还包括心理灵活性、获取并保存信息的能力、意志力——毅力或恒心——这些能力不仅有益于儿童的学业，对于个体的一生而言都是非常重要的能力。

父母在孩子还小的时候就经常给他读书是帮助婴幼儿培养执行功能的最佳方法之一。曾有学术团队发现，“通过阅读建立积极的亲子互动模式，孩子从中受益良多”；主要原因是“共同阅读可以营造出温馨、具有互动性与鼓励的氛围，孩子对自己感兴趣的任务能全神贯注，从而学会自然而然地调控注意力”。故事书称不上一剂救命药，但其功能堪比能强身健体的维生素。（与之相反，科学家证实，快节奏的电视节目，哪怕孩子只看了9分钟，也会显著损害婴幼儿的执行功能。）

10年前，科学家在宾夕法尼亚州中部22家学龄前教育中心做了相关研究，通过这项研究我们可以了解到，绘本故事对孩子的情绪调控起到了怎样的作用。这些教育中心设置了朗读环节，老师们大声朗读字母，给孩子们提很多问题。除此之外，老师还会大声朗读故事，这些故事中会出现一些令人气恼的场景，但故事中的角色会理智地处理问题。比如有只叫特格的绿色小乌龟在生气的时候会缩进壳里深呼吸几下，接着把自己生气的原因讲清楚，然后把情绪说出来——它给孩子们做了很好的示范。来自低收入家庭的孩子们在参与了这个环节的课程之后，执行功能出现了显著的进步。

“阅读课程教会了他们如何从自己的情绪中抽离出来，避免一时冲动。”凯伦·彼尔曼博士说道，她与宾夕法尼亚州立大学的同事们一起创建了这一课程。“让孩子说出烦恼的原因和感受，是在一个有压力的社会环境下能够控制好自我情绪，解决问题的前提。”

2011年，范德比尔特大学的戴维·迪金森与三名同事一起写了篇论文，论文题目是《读书如何促进了世界各地儿童的语言发展》。他们在收集了大量证据的基础上得出结论说，语言“似乎能让孩子更容易地控制自己的想法、情绪和行为，也能提高那些对于儿童的社会性发展与学业成功而言至关重要的能力”。这个结论与维果茨基的看法如出一辙。

论文中写道，“表达性语言的习得与较少的好斗情绪是相关的，”作者引用了前人与之相对的研究结果，“如果儿童在幼儿园时期表达性与接受性语言能力有欠缺，那么将来容易出现行为问题。”并且，18个月幼儿的共同注意持续时间越长，那么到了两岁时所能掌握的产出性词汇便越多。

论文继续写道，“为了让婴幼儿保持注意力，绘本故事通常色彩鲜明，对比强烈，会用孩子喜爱的东西或动物来吸引他们的注意力。每一页都有清晰的关注点，并且书与皮球和玩具汽车不同，书是拿在手里的，整体是静止不动的。如果大人留心孩子的反应，很容易就能觉察到孩子在关注什么，便可进一步进行讲解。孩子则能通过肢体语言、声音以及词语等一系列线索，让大人注意到有趣的图画。这样一来，无论是孩子的注意力还是大人的注意力都得到了控制。”

巧合的是，我女儿菲比第一次张口说单词的经过跟论文中迪金森的描述一模一样。当时她和哥哥姐姐们挤在一起听我讲《躲猫猫》。菲比一边琢磨着绘本里的图画，一边用“肢体语言、声音和单词”吸引我的注意。确切地说，她把小手从嘴巴里拿出来，指了指图，然后喊了声“汪汪”。

我们惊呆了，一起说不出话来。过了会儿大家才反应过来。

“没错！菲比说对啦！那是只小狗！”

“菲比会说话啦！”

“汪汪！”

直到现在我们还这么叫小狗。

* * *

但共同注意也有产生负面影响的时候，大人看什么孩子就看什么也有出问题的时候。如果大人一直抱着电子产品，孩子自然也会关注电子产品。我们不希望孩子看到我们在上网时脸上所表现出的冷漠。凯瑟琳·斯坦纳－阿黛尔是名心理医生，她碰到过一个年轻妈妈，这位妈妈经常会趁着 6 个月的儿子玩得专注开心的时候拿出平板电脑工作。“他就躺在那儿自己玩，”这位妈妈说道：

> “然后我拿出 iPad，他突然停下来盯着我看！这样的情况发生过许多次了——90% 的时候——不知道什么时候他不玩了，然后盯着我看。我太难过了，因为我不知道他究竟看了我多久。你说他在想什么？没能专心陪伴他，这让我非常内疚，何况他什么都知道。一边洗碗一边跟他讲话并不难，因为洗碗不需要动脑子，可回电子邮件却是要认真思考的。我实在做不到两者兼顾。他知道我完全心不在焉，从他的眼神我就能够判断出来。我跟他明明在一个房间里却完全忽视了他，他会是什么感受呢？”

斯坦纳－阿黛尔写下了一段文字，这是我们都懂的道理，“宝宝们在向父母寻求温暖和安全的联结时，如果发现父母心不在焉或者漠不关心，他们会非常难过、不安。有研究表明，母亲‘呆板’的面孔或者面无表情尤其会引起宝宝的焦虑，这在以前或许被看作是抑郁症患者的表现，可现在我们读信息、打电话或者盯着屏幕上网时经常是这副可怕的表情。”

数字化时代的家长们的注意力常常会受到干扰，陷于一种比较尴尬的境地。就像威廉·史塔克《魔法骨头》里的狐狸一样，家长们或许会振振有词，“我有什么好惭愧的？我也无能为力啊。这世界又不是我创造的。”

对于佩里·克拉斯博士来说，父母的辩白也不无道理。佩里·克拉斯博士在纽约大学教授新闻学，也是贝尔维尤医院的儿科医生，同时还是公益项目阅读推广计划的全国医疗顾问，她参与撰写了美国儿科学会的一份报告，该报告鼓励儿科医生建议家长为儿童朗读故事。她很同情陷入技术困境的父母，希望家长能在技术与陪伴孩子两者之间达成一种平衡态。“所有成功的技术都是以人类为实验品的，最终都将失控，”她告诉我：

> 它们会改变我们的生活，我们回顾历史，对于技术的进步多少会感到些许恐慌。
>
> 因为技术的变革，现在每个人都随身携带着手机，它或许会让人和人变得疏离，但我不认为它是邪恶的东西。对于0到3岁的婴幼儿来说，所有学习都是在社会环境中发生的。所有学习都离不开社会关系，而且年龄越小，越是需要别人。
>
> 技术会越来越容易地占据孩子与他人互动的时间，而且孩子受到影响的时间也越来越早，我想这是我们最应该担心的问题，而互动对于孩子各方面的发展都至关重要——语言、社交情感、同理心、心智理论的发展——要想学会读懂别人的表情和情绪，同样离不开交流互动。

心智理论（theory of mind）是指个体能理解自己与他人的心理状态，包括情感、意图和动机等，并且能认识到他人的情感、意图和动机与自己的并不相同。儿童开始并不具备这种能力；这是后天学会的。起初他们会傻傻地以为自己是银河系的中心（说实话，有些成年人仍然这么以为，我们身边总有这样的人），大概两岁时，孩子会逐渐明白其他人也有自己的需求。随着年岁的增长，这种看法得到强化，儿童的认识也更复杂，5 岁时他们便大约能够理解自己的行为会影响到他人的情绪。心智理论的发展是一个循序渐进、自然而然的过程。心智理论、同理心，能通过面部表情和音调的变化判断他人情绪——具备这些能力，孩子才会社交。

儿童在故事中读到的不同角色与冲突能迅速强化儿童的情感意识。2015 年在英格兰北部开展了一个项目，项目人员把训练有素的朗读者派遣到利物浦市内及城市周边的一些托儿所，这些托儿所位于城市的贫困地区，里面的孩子两岁大。在短短 15 周的时间里，参与该项目的老师与工作人员就报告说孩子的语言能力显著进步，对于书本和故事的反应也更积极。他们还发现，这些孩子的父母对于亲子阅读的热情更高了，也更有信心了。

接触绘本中的角色似乎能激发学步期儿童更深层次的同理心。有位朗读者是这样描述的："我正在给孩子们读《小鳄鱼所罗门》(凯瑟琳·蕾娜著)，河里所有的动物都被所罗门惹恼了，于是他们冲它大喊'走开！'当我翻到河马张开大嘴，冲所罗门大声咆哮'走开，走开！'那一页时，两岁的费恩做了个推搡的动作，小手朝着书本推过去，大声冲河马喊'走开，走开！'费恩已经能体会小鳄鱼所罗门的感受，所以当河马高声叫喊、粗鲁无礼时，他愿意替所罗门打抱不平。"

迪利斯·埃文斯（Dilys Evans）所著的《看图说话》对婴幼儿绘本故事进行了探讨，作者认为，"通常儿童正是通过图画书首次接触到诗歌与艺术，并对荣誉与忠诚，正确与错误，悲伤与希望有了最初的认识。"这不无道理：无论是待在家里，坐在父母的怀抱中听故事，还是在图书馆或学校和小朋友友好地围成圈听故事，孩子都能亲眼观察到别人的情绪变化，并且能够自在安心地感受自己的情绪变化。他不仅可以把大胆的想法付诸行动，为内心的焦虑找到些许慰藉，还可以壮起胆来，偷看一下那些让他觉得恐怖的东西。

我女儿弗洛拉 4 岁时的经历恰如其分地说明了这一点。她那会儿特别害怕唐纳·戴蒙德（Donna Diamond）的无字书《影子》，但她对这本书同时又很好奇。每次她把这本书拿给我的时候，都是用指尖轻轻提着，远离自己的身体，好像这本书是一只可怕的大蜘蛛。

“你连书里的插图都不想看，干吗还要让我读呢？”我一边和弗洛拉舒舒服服地坐在沙发里，一边问她。弗洛拉会皱起小脸，闭上眼睛，小脸蛋紧紧地靠在我的肩膀上。因为恐惧，她就这么一动不动地趴着。

“还有，”我抗议道，“这本书里连一个字都没有，你得自己看才行。”弗洛拉轻声嘟囔了些什么，我根本就听不清楚，接着她十分期待地做了个手势，让我赶紧开始讲故事。

于是我只好翻开书，告诉她这本书的图画就如梦境一般，具有超现实风格，第一页是一个在傍晚时分回家的小女孩。她上楼回到自己的房间，暮色里她投下的影子活了过来。影子鬼鬼祟祟地跟在小女孩身后，狰狞地笑着，女孩突然察觉到了这一点。她赶紧放下笔和纸，躲到了椅子后面。隆起的影子越变越大，伸出弯曲的手指头，它的眼睛就像万圣节南瓜灯的眼睛，燃烧着橙色的火焰，它一步一步往前逼近。眼看影子就要抓到小女孩了，我们看到孩子恢复了镇定。她两臂交叉，一动不动地瞪着影子。影子立刻变小了，畏缩着不敢向前。女孩愤怒地指着影子，虽然书上没有字，但很显然她在大声叫喊，估计在喊：“你不许再恐吓我，现在就给我停下来！”女孩打开灯，影子消失了。她洋洋得意地举起胳膊，仿佛在说：“好了！被我赶跑了！”可怕的影子消失了，女孩把自己画的铅笔画拿给洋娃娃看。直到故事的最后，女孩紧紧地抱着洋娃娃，很快就进入了梦乡，我们才看到……影子就在她的床底下……

“别讲了！”弗洛拉喊道，她仍然保持着那个姿势，“太吓人了！”

片刻过后，她的情绪平稳下来。然后她对我说：

“你能再讲一遍吗？”

✱ ✱ ✱

2011 年，作家亚当·曼斯巴赫（Adam Mansbach）出版了图画书《快点滚去睡！》，这本书名带脏字的图画书并非写给儿童看的，它总算帮那些面对家里死活不肯睡觉的娃娃而束手无策的父母们出了一口恶气。这本书的插画是理查德·科尔蒂斯（Richard Cortes），故事听起来就像个温馨的睡前故事，它以欢乐的笔触，展现了哄孩子睡觉这件每晚雷打不动的事情如何让这一代父母们无可奈何。

> 微风轻轻地掠过草地，宝贝。
> 野地里的田鼠，也闭上了眼睛。
> 三十八分钟已经过去了。
> 老天啊，这他妈到底怎么回事？
> 快睡觉吧。

这本书一出版就受到了疯狂的追捧。大家觉得这本书令人捧腹，十分搞笑。它看似对传统文化的最后一块阵地——睡前故事进行了批判，实则巧妙地批评了徒劳无益的现代育儿方式。书中讲故事的人只是不情愿地在做“自己该做”的事情——给孩子讲故事，可是孩子并不买账，因为他能够判断出爸爸妈妈有没有用心。

有些孩子确实比较狂躁好动，不容易哄，这是毋庸置疑的。但如果能日复一日地把讲睡前故事坚持下来，必然会有很多益处，比如孩子慢慢能自己玩一小会，这样父母会有一些独处的时间，就好像《快点滚去睡！》里的那对心力交瘁的夫妻一样。抽出足够的时间，在孩子睡前给他们讲故事，陪他们聊天，能赋予忙碌混乱的生活以秩序感。如果白天孩子使用了电子产品，那么在清醒与沉睡两个状态之间给孩子创造适当安静的片刻十分重要。他们的眼睛与大脑需要时间进入关闭模式。“重复以及在固定的时间做固定的事情会让孩子觉得安心，”精神科医生玛丽·哈特韦尔·沃克建议，“睡前故事就是告诉孩子，一天马上就要结束了。”每天在固定的时间，在洋溢着爱的氛围中给孩子讲故事，她补充道，“你实际上是在帮助孩子在他的世界中建立安全感”。

日常固定的事情对于父母来说是一种礼物，对于那些在摸爬滚打中不断摸索的新手父母来说尤其如此。从例行活动过渡到睡前故事——吃完饭，洗澡，换尿布，讲故事——能让新手父母们适应有了宝宝后生活中所发生的巨大改变。新生儿对于自己所引起的混乱和骚动可是一无所知，睡醒了吃奶，吃完奶接着睡，两者交替，但正是这种交替带来的缓冲期能让爸爸妈妈习惯自己保姆的新角色。

首次领养孩子的父母或许没有缓冲期。如果领养的孩子已经有几岁大了，家长就必须立即进入角色。沃特·奥尔森与史蒂夫·皮蓬就是如此，他们把原先是俄罗斯孤儿的养子蒂姆带回纽约时，他已经 3 岁了。蒂姆只会说俄语。让他适应新家和新的环境，学习英语，与他建立极重要的情感联结是迫在眉睫的事情。为了实现这 3 个目标，奥尔森与皮蓬把书本和故事作为晚间例行活动的核心。

“开始的几周，蒂姆入睡很不顺利。他根本不愿意上床，每次都拼命抗争。”他们现在住在马里兰州的一个小镇，我去探访时，皮蓬这样告诉我。阳光透过前面窗子的窗帘洒进屋子，窗子对着一条窄窄的公路，这条公路通往西部。

“孩子原来的那个孤儿院就像个兵营，”奥尔森说，“每个孩子的床相隔只有几英寸。保育员只想自己看书，不愿意跟孩子说话。”

蒂姆到了美国后，养父母就开始用语言对他展开了疯狂攻势。起初奥尔森和皮蓬在掌握了足够的俄语单词后，就给他大声朗读俄语童书。接着换成了英语故事。“两个月不到，他就能一半用英语，一半用俄语，半年过后，他只有少数时候用俄语，其他场合都用英语。”奥尔森告诉我。

“有些词很难忘掉，”皮蓬插话道，“比如俄语的‘牛奶’，又过了几个月他才弃之不用。俄语的‘麦片’‘狗’他则用了很久。不过这些俄语单词的遗忘都有相同的模式，有几天他不用了，然后不知道是巧合还是什么原因，它们会重新在英语中出现，然后才会被彻底遗忘。”

奥尔森与皮蓬每晚要花一个钟头的时间给蒂姆讲故事，蒂姆喜欢桑顿·伯吉斯（Thornton Burgess）的传统动物童话。桑顿·伯吉斯是20世纪早期的报纸专栏作家，著有《西风母亲》等，他的故事中的角色都比较有趣：爱说大话的狐狸瑞迪，麝鼠杰瑞，臭鼬吉米。蒂姆对于书本的偏好随着年岁的增长而改变，但睡前读故事的习惯一直持续到了他大概13岁的时候，皮蓬说，“因为他实在太喜欢了。读故事的时光很是平静安宁，那是一种交流。我们的睡前仪式实际上是在告诉蒂姆，‘一切都很好，就像昨天晚上一样’”。

蒂姆3岁时来到了一个陌生的国度，加入了一个新的家庭，并开始学习一种崭新的语言。跟同龄美国孩子相比，他学习英语的时间晚了3年。但很快，他词汇测试的成绩就超过了其他孩子。是巧合吗？我不这么认为。每晚一个小时宝贵的故事时间让蒂姆能够大量接触英语单词的发音和形式。蒂姆来自俄罗斯，但他的经验适用于任何来自不同语言国家的孩子。他的故事证实了父母牺牲部分时间，给孩子养成睡前听故事的习惯是十分值得的。它同时也让我们认识到了语境的作用。让大量优美的词汇围绕着孩子，一切美好的事情都有可能发生。

Chapter 5

第五章

词汇量大益处多

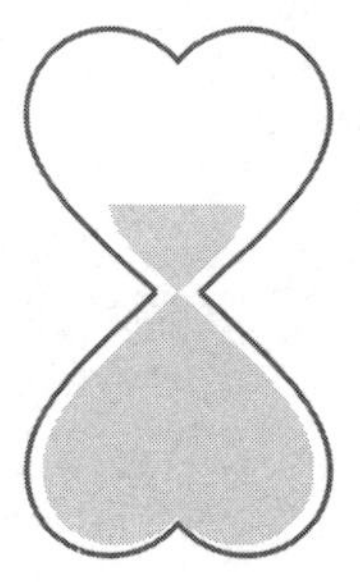

巴巴尔正开心地骑在妈妈的背上，突然一个藏在树丛后的凶恶的猎人朝他们开了枪。巴巴尔的妈妈应声倒下！猴子见状立刻躲了起来，鸟儿扑闪着翅膀飞走了，巴巴尔大声哭起来。

——让·德·布吕诺夫，《巴巴尔的故事》

经典绘本《巴巴尔的故事》中最不愉快的这一幕的灵感来自一个睡前故事。1930 年，在巴黎郊外的一处住所中，年轻的妈妈赛西尔 · 德 · 布吕诺夫为了哄两个儿子睡觉不得不编了个故事。结果妈妈的即兴之作让男孩子们很着迷，故事讲述的是一只成了孤儿的大象宝宝，他的母亲被“凶恶的猎人”杀死了。两个孩子恳求艺术家爸爸把这个故事讲完，并配上图画。让 · 德 · 布吕诺夫只好答应了。他提起铅笔在纸上画起了草图，他运用多种形状和构图，勾勒出故事的场景，接着又用彩墨和水彩给草图上色，配上斜体的法语字，就这样把妻子的即兴之作变成了风靡全球的文化现象:《巴巴尔的故事》。

一年之后，这本书的英语版也问世了，让 · 德 · 布吕诺夫又创作了 6 个续集故事，他的儿子劳伦特，也就是那天晚上赛西尔的即兴之作的小听众，长大后又为小象巴巴尔系列写了大概 45 个故事。

近些年来，人们对小象巴巴尔系列故事颇有些争议。有些批评者认为第一个故事有美化殖民主义的嫌疑，它传达出的思想似乎有些问题:

一只原本生活在大自然中的小象很愿意接受人类文明社会的驯化——像法国绅士一样戴上礼帽，穿上西装，用后腿走路。在《巴巴尔去旅行》故事中，德·布吕诺夫对于食人族的描写让现代人不寒而栗。至于巴巴尔的妈妈被猎人打死的场景就更不用说了，有些孩子听到这里会躲起来，因为他们感到恐惧。平心而论，这个系列中的第一个故事确实有些诡异，但无可否认的是，它很受小朋友们的青睐。小象巴巴尔系列被翻译成 17 种文字，销量达数百万册。

每个读者对于故事内容或许有不同的判断，但我们却不能否定布吕诺夫出色的插画。《巴巴尔的故事》的插画细致具体，读者既能看到不同的人和动物，不同的物体，也能看到各种动作。并且每一页都有足够的素材，父母可以围绕这些素材给孩子提问，跟孩子聊天，而亲子双方有互动的对话能极大地扩充孩子的知识储备。

我们来看看第一页的内容："在一片大森林里，有一头小象呱呱坠地。"图画里巴巴尔的妈妈用鼻尖轻轻地摇晃着吊床，哄巴巴尔睡觉。环绕在他们周围的是黄色、绿色的草地，草地上点缀着红色的花朵。热带树木高高耸立，两只鸟儿和一只绯红色的蝴蝶在附近自在地挥动着翅膀，远处波浪形的曲线是起伏的山脉的轮廓。这幅画本身并不复杂，但它包含了很多素材：妈妈、宝宝、吊床、象鼻、象牙、蝴蝶、花朵、棕榈树、小鸟、山脉，还有绿色、红色、灰色和黄色。

对于坐在爸爸妈妈怀抱中的宝宝而言，这幅画中的所有事物都是新奇有趣的。（"哦，这是'象牙'，这些是'棕榈树'！"）小象巴巴尔系列为小读者呈现了许多生活中的常见事物，比如汽车、狗、树木与小鸟。同时它也有很多让孩子难忘的稀奇事物。孩子们看着图画会认识歌剧院，枝状水晶吊灯，百货商店的巡视员（戴着旧式夹鼻眼镜！），带鞋罩的鞋子[1]，鹈鹕，犀牛——甚至还有从衣冠楚楚的巴巴尔身后探出头来的壁炉柴火架子。孩子们看到的是这些画面，但听到的却是巴巴尔讲述他还没有搬到城市与富有、仁慈的老妇人同住之前大森林的生活。

故事中间有两页描绘的是巴巴尔开着酷炫的红色敞篷车来到乡间。这幅画所提供的对话素材多到令人眼花缭乱：远处，一艘冒着白烟的拖船拉着一艘驳船，一个垂钓者刚好等到鱼儿上钩，更远一些的桥面上有辆火车正在呜呜前进。我们还能看到奶牛，犁得整整齐齐的田地，花朵繁茂的树木，蜻蜓，小鸟，昆虫，谷仓前的家禽；抬头看，天空中有一个冉冉上升的热气球和一架飞机（带螺旋桨）；还有教堂的尖顶，河畔的饭店，一个扎了个独辫子、长发及腰的女孩，一只戴着绿色项圈的山羊，项圈上有只小铃铛，路边有一块白色距离标识碑，看起来就像一块小小的墓碑。仅仅两页就囊括了那么多内容。

有些插画非常吸引人，让人过目难忘：老妇人坐在圆形的餐桌旁，端着汤盘，喂巴巴尔喝汤。老妇人和巴巴尔早晨一起做健美体操。巴巴尔和表弟亚瑟还有表妹西莱斯特在糕点铺吃美味的粉色蛋糕，象王误食了毒蘑菇，他的皮肤先是变成了绿色，最后中毒身亡，正是这个意外让巴巴尔当上了国王。巴巴尔最后娶了表妹西莱斯特，他们分别被加冕为新国王和王后，大象们欢快地跳起了舞蹈。最后一幅画是在宁静的星空下，这对新人亲密地依偎在一起。

上述内容在插画中都有所体现，并配有文字，孩子们在听故事时还能听到各种有趣且生活中不常出现的词汇：慈祥的、心满意足的、优雅的、博学的、进步、秃鹳、批评、承诺、灾难、葬礼、颤抖的、提议、

---

① 维多利亚时期的绅士喜欢在鞋子上罩鞋罩，他们认为这样比较优雅。

盛大的、单峰驼、蜜月以及“漂亮的黄气球”。

《巴巴尔的故事》总共46页，如果不问问题的话，只需7分钟就能朗读完。在这7分钟的时间里，孩子和小象巴巴尔会有同样的感受。他们会看到爱意和温情，死亡与新婚，也会亲眼看见飞来横祸，内心会经历恐慌与安适，荣耀与愤怒，悲伤与喜悦。这本书的图像、文字与概念是如此丰富，而读完它你只需要7分钟。想想看，如果从孩子小的时候每天都给他讲故事，他将会获得一笔怎样的语言财富。他的头脑与内心必将如宝石般熠熠生辉。

* * *

“词语如岩石的尖端一般狂野粗糙。词语如贮水池一般平静驯顺，如草地上的阳光一般灿烂明亮。词语是美好的东西。”作家布莱恩·雅克（Brian Jacques）这样认为。词语是美好的。它们承载着意义，让人知道的意义，并且赋予我们表达自我的能力。词语也是打开世界大门的钥匙。我们每次为孩子读一本书，就等于把一盒有趣且有用的钥匙交到他们的手中：钥匙的形状与颜色林林总总，有复古的钥匙、古铜色的弹子锁钥匙、管状钥匙、双面锯齿钥匙、杠杆锁钥匙。他们所发现的钥匙的种类的多少，预示着他们未来世界的广度。

中世纪城堡的女主人也叫女城主，判断其身份的方法就是看她有没有携带钥匙。女城主用链子把钥匙或者其他有用的工具挂在腰上，然后她就能够随心所欲地进入所有房间和储藏室，打开任意一个柜子。拥有钥匙才能掌管自己的财产。孩子与词汇之间的关系亦复如此：掌握的词汇越多，他们能打开的保险柜就越多。不仅如此，他们知道的词汇越多，根据上下文和句法学会新词汇就越容易，通过重复学会新词汇也越容易。

词汇中蕴藏着音乐与历史。我们跟孩子说话所用的语言看起来再寻常不过，实际上都是通过口耳相传、手写或印刷的方式，经历了世世代代，从遥远的过去传到今天。词语是“语言艺术”的原料，“语言艺术”这个说法暗示我们，通过近乎无限的词语组合，我们能够表现出情感张力与艺术美感。语言对每个人来说都是平等的，它是人类所共有的：每个人都可以用语言挥毫泼墨，但它和画画不同，画油画你还得先购入昂贵的颜料和画布。

“你对语言的态度会受到父母的熏陶，”菲利普·普尔曼（Philip Pullman）说道，“如果你的父（母）亲很喜欢用语言跟你交流，他（她）把你抱在腿上，讲故事给你听，问你问题，耐心地回答你的问题，那么你长大以后会认为语言非常有意思。父母态度的重要性最为关键，怎么强调都不为过。”

语言能让孩子成为主人翁，掌管自己的城堡，掌管自己的世界，他们能从不同角度精确地描述事物。比如一个女孩看见了一只极速奔跑的狗或松鼠，她能很好地描述出来：它是飞快地跑过还是像冲刺一样，是真的在全速前进还是虚晃一枪，是在漫不经心地溜达，还是在轻快地蹦蹦跳跳？如果看见什么可怕的事情，她可以恰到好处地形容：是令人毛骨悚然还是令人恐慌，是残酷骇人，令人恶心，还是令人畏惧？选择不同的词语表达不同层次的意义事关重大，因为它能让我们更接近真相。

即便儿童在实际生活中不会使用一些名词、动词、副词、形容词等，记住大量丰富的词汇对他们来说仍然很有好处。因为这些词汇有其功能性价值，孩子可以通过这些词汇猜测其他词的意思。

* * *

语言能力能够提升一个人成功的能力，而且其影响从孩童时期就开始了。那些词汇量大的儿童入学后通常会比同龄人表现得更优异。多数情况下，他们在每一个年级都会比其他孩子要更有优势，因为儿童的语言自然发展规律就是如此残酷无情——词汇的增长有其内在的加速剂。神经学家玛丽安·沃尔夫（Maryanne Wolf）在她的著作《普鲁斯特与鱿鱼》（*Proust and the Squid*）里是这样解释的："对于词汇丰富的儿童而言，遇到本来就会的单词时可以不假思索地反应出来，掌握大量新的单词也易如反掌，因为他们不仅会不断地接触新的词汇，同时也能根据新的语境来推断新词的功能与意思。"

同词汇贫乏的同龄人相比，词汇丰富的学龄儿童每年都能学到更多词汇，所以能一直保持领先，把词汇量小的孩子甩在后面。学界称这种积累形成的优势现象为马太效应，这个说法出自《圣经·马太福音》中耶稣的一则讲论："凡有的，还要加倍给他，叫他多余；没有的，连他所有的也要夺过来。"用通俗的话来说就是"富的更富，穷的更穷"，不过这里我们讨论的财富是语言，对于所有人而言，它都是免费的。

20 年前，堪萨斯大学的研究人员发现了词汇量三千万的差距【原报告名为《美国幼儿的生活差异所造成的重大差别》（*Meaningful Differences in the Everyday Experience of Young American Children*）】，后来他们决定重新探访之前研究中的被试家庭。这一次探访的结果让他们深感忧虑，2003 年新研究报告的标题一目了然——《幼儿之不幸：3 岁前就已形成的三千万词汇差距》。贝蒂·哈特（Betty Hart）与托德·莱斯利（Todd Risley）在认真仔细地观察了 42 个家庭的日常生活后指出，无论是词语丰富还是词语贫乏的家庭，“都会教育孩子，陪孩子玩耍。家长会管教孩子，教他们有礼貌，教他们学会自己穿衣服和洗漱。这些家庭给孩子所提供的玩具都大同小异，跟孩子说的话也大致相同。虽然这些孩子的个性与技能水平有所差异，但他们都学会了说话，都能和家人和睦相处，并具备了入学的基本社交技能”。

但这些孩子所接触的语言的数量与种类却存在显著差异。在词语丰富的家庭，父母说话更多，并会通过肯定的语句鼓励孩子更多地参与到对话中（比如“那个玩具很好玩”），但在词语贫乏的家庭中，父母通常话偏少，并且更倾向于用阻止性的语句（“别碰那个”）。听到更多词汇的孩子学会的词汇也更多，反之亦然，听到的词汇少，学会的词汇也少。

这些孩子刚参加研究时只是 7 个月大的婴儿，等研究结束时他们已经 3 岁了，能力也出现了差异。那些来自词汇丰富家庭的孩子们平均可以掌握 1100 个单词，而那些来自词汇贫乏家庭的孩子大概只能掌握 500 个。3 岁时的差距与若干年后更大的词汇量差距呈正相关。后来哈特和莱斯利重新探访了这些孩子，他们发现，3 岁时的语言能力能够精确地预测这些孩子 9 或 10 岁时，也就是六七年后的语言水平，这让他们感到“极为震惊”。

✵ ✵ ✵

那么我们应该怎么办呢？如何才能给孩子营造出词汇丰富的语言氛围呢？如何才能帮助孩子记住听到的词语呢？如何鼓励孩子尝试使用所学的词语，从而使他们不仅掌握大量的词汇，而且还会使用它们呢？

我们可以从朗读故事入手。或许你也想到了这个方法。给孩子朗读故事能帮助他们扩展和丰富词汇，不过朗读故事究竟是通过哪些方式起到积极作用的，并不是每个人都知道。我们不妨逐一了解一下其作用方式。

首先，书本包含词汇，因而在朗读故事时，我们可以把这些词汇传递给听众。听起来很有道理。可如果听众是孩子，并且故事书里的文字还没图画多的话，朗读究竟能起到多大作用呢？孩子到底能听明白多少词汇呢？

答案或许会让你大吃一惊。前文我们以《巴巴尔的故事》为例，大家由此得知，即便是一本简单的绘本也能包含大量生活中不常见且有趣的词汇。《巴巴尔的故事》创作于 20 世纪 30 年代，那时候绘本的文字比今天的绘本要更随意，更具发散性。假如父母和孩子能够广泛涉猎各种各样的书籍，有些年头的也好，当代的也罢，他们能从中获得多少语言养分呢？

这也是位于布鲁明顿的印第安纳大学的研究人员想要回答的问题，2015 年，他们完成了一项相关研究。研究人员首先挑选出 100 本知名书籍，其中包括孩子们所钟爱的老故事——小象巴巴尔系列、曼罗·里弗（Munro Leaf）的《公牛斐迪南的故事》（*The Story of Ferdinand*）、维吉尼亚·李·伯顿的《迈克·马力甘与他的蒸汽挖土机》——也包括当代儿童文学的人气作品，比如德鲁·戴沃特的《蜡笔大罢工》，乔恩·克拉森的《这不是我的帽子》。研究人员对每本书的词汇多样性进行了评估——也就是统计不常见词汇的总数。然后他们对父母与孩子的对话录音也进行了词汇多样性评估。录音的孩子年龄从刚出生到 5 岁不等，这个年龄段与挑选出的 100 本书所适合的年龄段是吻合的。这样研究人员就可以把孩子在日常对话听到的词汇与父母朗读故事时听到的词汇进行比对。

结果如何呢？该研究团队得出结论，“亲子阅读可以营造出良好的学习环境，婴幼儿在这个环境中能够接触到在日常对话中从未出现过的词汇。”“与日常对话不同的是，书本不受眼前情境的限制，”论文中写道，“每本书的主题或者内容或许并不相同，从而为婴幼儿的探索提供了更广阔的空间，也为他们呈现了许多新的词汇。”印第安纳大学的研究人员还发现，如果父母一天能给孩子读一本书，“那么一年下来，孩子将会听到219000个词语。如果一天两本的话，这个数字就是438000”。

对于普通孩子来说，一天两个故事就能提供6%的“语料输入”。论文中用的词“语料输入”是一个语言学术语。6%听起来好像并不多。但换个角度想，如果每天家长能给孩子读六七本书呢？再想想看，对于哈特–莱斯利研究中那些来自词汇贫乏家庭、3岁就已经被同龄人拉开几百万个词汇差距的孩子来说，这又意味着什么呢？

让孩子多接触语言是有好处的。词汇贫乏家庭的本质问题就是指向孩子的言语比较少。这种情况多见于社会地位和经济地位较低的家庭。2013年斯坦福大学针对拉丁裔家庭进行了一项研究，研究人员对被试家庭的学龄前儿童进行了10个小时的观察，结果发现，多数孩子在这段时间能听到6000到7000个单词。但在29个被试家庭中，研究人员仍然发现了明显的差异。有个幸运的孩子总共听到了12000个单词，而另一个可怜的孩子只听到了670个单词。想想看，一两本图画书对于这个可怜的孩子一定能起到不少帮助。

词汇的习得不仅仅指的是词汇的数量，也包括词汇的多样性以及词汇所代表的物体、概念和思想。正如纽约大学的凯瑟琳·塔米斯–勒蒙达所言，“仔细想想孩子在不同情境下所接触的语言内容，你会发现，亲子阅读故事所提供的情境，是唯一一个家长可以与孩子谈论日常生活之外内容的情境。”

她告诉我，绘本书为大人和小孩提供了“谈论很多不同词语的机会：月亮啊，太阳啊，行星啊。在日常生活中跟孩子讨论这些内容或许会有些奇怪，因为我们平时接触的是皮球、积木等物品，而在亲子阅读中，书本为孩子打开了通往更多更丰富的词汇世界的大门，为孩子提供了无限可能”。

✵ ✵ ✵

词汇的无限可能：这个想法真是令人欢呼雀跃！要是小孩子渴望的也是无限可能那该多好。遗憾的是，疲惫的成年人会告诉你，小孩子们往往渴望的不是新的故事、新的词汇，他们宁愿来回听同样的故事。可是反复读同一个故事，大人难免会心不在焉。

“她一遍又一遍地让我讲《波西与匹普》。”马格达·简森抱怨道，两岁的女儿让她忍不住发牢骚。“最后我只好说，‘够了！这本书我今天已经读了 6 遍了！换别的书读吧！’”

我可以理解她为何如此恼火。每晚都读同样的故事的确非常枯燥无趣，而且，放着那么多其他故事却不愿意探索，只沉迷于一本书，我们会觉得这样不利于孩子的发展。我们的愤怒恰恰说明我们是成年人。成年人喜欢猎奇，而孩子喜欢安全。成年人喜欢模棱两可，孩子却喜欢黑白分明。比如，年龄超过 5 岁的人对阿克塞尔・舍夫勒笔下的兔子和老鼠不会再有兴趣。在这本书色彩明快的插画中，两个好朋友玩耍争吵，就像学步期两三岁的小孩一样，虽然大人也觉得这本书是让人愉快的儿童睡前读物，但是我们不会像两岁小孩那样迷恋它。所以，孩子拿着书请大人再讲一遍的时候，我们才会苦不堪言地喊道，“够了！”

问题是孩子们觉得不够。孩子在喊“再讲一遍，再讲一遍”的时候，其实是在向我们传达重要的信息，虽然我们或许永远无法破解这些重要信息。孩子感到恐惧或悲伤却又说不出来的时候，某本书或许能帮助他平复内心的波澜。或者某本书就像一个老朋友，因为足够熟悉，所以能让他安然入睡。我女儿弗洛拉两岁的时候喜欢我们每晚给她读克雷门·赫德的《快乐的追逐》，我们连着读了好几个星期。她喜欢书中色彩饱和的插画，狗追着猫跑过街区——穿过商店和住宅——凡是它们跑过的地方都被弄得一团糟。她对史蒂芬·米歇尔（Stephen Mitchell）改编的安徒生童话《打火匣子》也情有独钟。弗洛拉会认真观察书中巴格拉姆·伊巴图林（Bagram Ibatoulline）所绘的皮肤上长着脓包的邪恶老女巫，故事中讲到三只大狗残忍地结束了国王和王后的生命时，她居然一点也不害怕。

为什么她会偏爱这些故事呢？我也不知道。至于女儿茉莉几年前为何会对安吉拉·班纳的《蚂蚁和蜜蜂环游世界》和大卫·麦基（David McKee）的警世寓言《现在不行，伯纳德》如此爱不释手，我也想不出合理的解释。我只知道这些故事我们讲了一遍又一遍。同很多家长一样，我注意到孩子们在听自己最爱的绘本时有一些小小的癖好，某一页一定要用某种方式触碰，显得特别有仪式感。比如说，我和女儿第一次读理查德·斯凯瑞的《忙忙碌碌镇》时，翻到可爱的蚯蚓爬爬戴着绿色呢帽那一页暂停了一会，那么以后每次到这页都要停下来片刻；如果书本哪一页撕了个口子或者有个污点，孩子们每次都会用小手碰碰那个地方。有个叫艾拉的姑娘，现在已经长大了，她小时候对伊斯曼（P. D.

Eastman）画的在游泳池里扑腾的小狗是如此着迷，以至于每次翻到那一页她都会装作要冲进游泳池。想到这些艾拉的妈妈就会笑道:“每次讲到那一页，她就会脱掉袜子，把脚塞到书缝里，好像也要跳进游泳池里。我记得有次我是在地铁上给艾拉讲这个故事，她绑着安全带坐在婴儿车里，翻到那一页时，她居然使劲地把脚往上伸，打算把脚塞到书缝里！”

我女儿维奥莱特 4 岁、菲比 3 岁那一年，大多数晚上我都得讲《巴巴尔的故事》。维奥莱特那会有种奇怪的想法：她认为图画书里所有的年长男人都是国王，所有的年轻男子都是王子，所有的女人，无论年龄，都是公主，巫婆除外。孩子们会抢着当故事里的某个角色，抢着宣布物品的所有权（“我是这个猴子”，或者“那块蛋糕是我的”）。有天晚上我们读到小象巴巴尔遇到了有钱的老妇人时，维奥莱特迅速伸出手指指着老妇人。

“我是她，”维奥莱特说，“她是个公主。”

我接着往下读了几页，眼前出现的场景是小象巴巴尔开着车来到乡间，马上就要经过那个扎着长辫子的女孩，她的边上是一只脖子上挂了个铃铛的山羊。

这下轮到菲比指指戳戳了。

“这是我，”她说，“和我的山羊。”

“不对，那是我。”维奥莱特反驳道。

“对，那是你。”妹妹表示赞成。

“我知道，”维奥莱特接过话，“她是个公主。”

✵ ✵ ✵

我们可能永远也弄不明白，为什么有些书对于孩子来说有着如此强大的魔力，能让他们百听不厌。或许这将永远是个谜，就像爱一样。有种解释或许毫无诗意可言，却相当令人信服：孩子们喜欢重复同样的故事，因为这能让他们获得掌控感与驾驭感；每多读一次，他们就能更多地理解看到和听到的内容。

英国苏塞克斯大学的科学家为了验证这一解释，给 3 岁儿童重复阅读同样的故事以探究其效果。需要说明的是，这些故事是研究人员预先挑选好的，他们并不知道每个被试儿童的偏好。临床医师们想观察儿童对于新词汇的快速映射与慢映射——这两种语言习得方式我们在前文中讨论过。他们先是编造了一些词语，然后把这些词语偷偷地放到绘本故事书中去，这样他们就能清楚地把编造出的词语与孩子原先就知道的词语区分开。研究人员专门创作了 3 本书，分别是《特别淘气的小狗》《大鼻子罗茜在饭店》《罗茜糟糕的烘焙日》，他们还编造了一种特别的叫“sprock”的手动打蛋器，还有一种叫“tannin”的擀面杖。

对于 3 岁孩子来说，这些编造出来的词语跟“非洲食蚁兽”或者“壁炉柴架”的英语单词一样陌生奇怪。英语中本来就有很多奇怪的单词。“sprock”或者“tannin”又有何不可呢？孩子们学起这些编造出来的单词很快，跟学习其他陌生单词一样迅速。上下文语境为他们提供了线索，帮助他们判断这些编造出来的单词的意思和语法功能，而重复则能让他们记住这些单词。

范德比尔特大学的戴维·迪金森还有他的同事们指出，“孩子通过词汇学习语法，通过语法学习词汇”。一旦儿童知道了一个新的单词，倘若他们能在不同的句法语境中听到这个单词，他们对该词的理解也会加深。以《巴巴尔的故事》为例，单词“becoming”在书中出现过两次，第一次出现是用来修饰“绿色的西装”，意思是“合身的”，而第二次出现则是作为动词使用，表示“开始变得……”（“天气开始变冷”）。儿童听到的词语越多，语境越是多样，他们就越能轻松地破解词汇的秘密。

苏塞克斯大学的研究发现，从这个角度来看，反复给孩子讲同一个故事尤为有效。“我们发现，通过反复多次听同一个故事，孩子们回忆并记住故事中所出现的物品对应的单词的能力明显提高了。”杰西卡・赫斯特、凯莉・帕森斯及娜塔莎・布莱恩在2011年共同发表的论文中写下了上述结论。

除此之外，来回讲同一个故事，让孩子反复看见和听见新的词汇，比通过讲不同的故事所达到的词汇记忆效果要好。“这对于家长来说是个好消息：重要的不一定是书本的数量，家长应该听从孩子‘爸爸（妈妈），再读一遍吧！’的请求”，这是研究人员得出的结论。

这多少让我们感到些许慰藉，我想这下如果孩子手里拿着翻旧了的《波西与匹普》，第一百次恳求你讲这个故事，你也不会太焦躁了吧。

* * *

绘本书还能以另外一种重要的方式营造出词汇丰富的语境。大人和孩子坐下来一起翻阅文字与艺术兼具的故事书时，必然会自然放松地进行对话。如果孩子的年龄太小，那么“对话”或许只是大人说，而且使用的语言比较简单质朴，但这样的“对话”同样很有价值。大人边读绘本故事，边轻松地跟孩子聊天，所说的每一句话都为语言学习的发动机提供了燃料。

研究这个问题的学者们经常会引用一则短小的寓言以说明其中的道理，寓言名为《三个妈妈和一个茄子》。这不是童话——故事里的茄子既不会说话，也不会帮人实现愿望——但它告诉我们一个道理，父母与孩子之间看似微不足道的互动却能大大地提升孩子的词汇量。故事发生在超市里：

> 第一个妈妈推着购物车来到农产品柜台前，上幼儿园的儿子看到了一个茄子，便问那是什么。这位妈妈要儿子别吵，装作没听见他的问题。
>
> 第二个妈妈面对儿子同样的问题，敷衍道："噢，那是茄子，我们家不吃茄子。"
>
> 第三个妈妈耐心温柔地回答了儿子的问题："哦，那是茄子。蔬菜很少有紫色的，茄子算是一种。"她拿起茄子，递给儿子，鼓励他把茄子放到电子秤上。
>
> "嘿，看看，这个茄子大概两磅！"她说。"一磅茄子要1.99美元，所以这个茄子大概是4美元。是有点贵，不过我知道你爱吃帕尔玛奶酪烤牛肉，帕尔玛奶酪烤茄子也很美味，我猜你一定会喜欢。我们买一个吧，拿回家切开，一起做这道菜吧。"

你看到了：三个妈妈对于孩子提出的简单问题有着三种截然不同的反应。她们的回答能够解释为什么有些三四岁的孩子已经知道了大量的词汇和概念，而有些则不然。第一个妈妈完全没有回应孩子。第二个妈妈勉强回答了问题，但是拒绝进一步对话。第三个妈妈则把孩子对于茄子的疑问当作一个出发点，然后为孩子扩散补充了许多有关茄子的知识：颜色、重量、每磅的价格，与孩子喜欢的菜肴相比它的味道如何，并把它与家庭生活和膳食关联起来。

幼儿教育中有一种做法叫互动式阅读或对话式阅读，第三位妈妈为我们全方位展示了互动式阅读是如何操作的，只不过她没有用书而已。提出问题，回答问题，在图画中发现找寻新鲜事物，讲解书中的语言，引导孩子自在地体会头韵和尾韵，这些都是对话式阅读的技巧。它是以读书的形式玩耍。科学研究告诉我们，孩子在玩耍的情境下听到并使用新的词汇，其学习效果比在正式的教导情境下要好得多。

特拉华大学心理学、语言学教授罗伯塔·米奇尼克·戈林科夫告诉我："孩子主动参与，而非被动接受的学习效果最佳。家长不能把阅读时间变成说教时间。孩子的小手指到哪儿，你就应该跟到哪儿，这样书本上的内容才能活过来，才能走进孩子的生活。"

哪怕是年幼的孩子也会暗示大人他们对什么感兴趣。他们或许会使劲地敲打书，并把它弄弯。他们或许会翻到自己喜欢的那一页，指着人物或动物的脸，或者用小手沿着形状或字母的轮廓划线。他们"读得"越多，给出的线索就越明确。大人这时候应该跟着孩子给出的线索，随机应变。

英国利物浦大学心理学教授卡罗琳·罗兰就如何展开对话式阅读进行了阐述。"如果是给 1 岁的宝宝读书，那么家长应该问一些事实性问题——比如，'哇，看看这只小狗，你能找到小狗吗？'待孩子指出问题中的事物之后，可以再补充描述这个事物。"她说："不过对于大一些的儿童，比如三四岁的孩子，家长就应该改变互动方式，对话可以更多地脱离书本情境。"也就是说，要让孩子不囿于故事本身，应该更多地把故事与孩子对于现实世界的体验结合起来。

“如果书本里有狗，那家长不妨跟孩子聊聊在公园里一起看到的狗，狗的种类有哪些。”罗兰继续讲道：“对话式阅读最大的好处就是父母与孩子关注的是同一样事物，双方都很投入，孩子也有兴趣，家长可以根据孩子的年龄、孩子的语言水平来调整聊天内容，以达到最好的效果。这也是为什么互动式阅读如此有效的原因之一。家长对孩子的发展水平了如指掌，能在他们原来水平的基础上不断地激励他们，帮助他们提高水平。”

互动式阅读就像智力游戏一样，要以双方都喜欢的方式进行，让孩子体验到乐趣和挑战，从而鼓励孩子和大人进行交谈和互动。

绘本本身就有很多值得聊一聊的话题。比如家长拿到书可以问孩子：“封面上画了些什么，看到后你感受如何？”书本的封面通常都会精心设计或装饰，在故事开始之前预先营造一种情感氛围或预先植入一种观点。接下来是故事和插画，围绕着这两样有问不完的问题，说不完的话题。父母可以带着孩子仔细欣赏一幅插图，让孩子找出这幅画中所有红色的东西、正方形的东西，或者流动的东西；可以教孩子认识身体的各个部分，或者不同的水果。妈妈可以用英语和日语教孩子各种动物的名称（前提是她的日语学得比我要久），用西班牙语、菲律宾群岛的塔加拉语或韩语也行。大人和孩子可以一起练习从 1 数到 10，倒过来也行。爸爸可以让孩子找出“在……上面”“在里面”或者“在……下面”的物体，以培养空间感。想要扩大孩子的词汇量，大人还可以具体地描述事物，我个人经常这么做，让孩子通过描述找出插画中的事物和位置。

很多绘本在创作过程中就已经考虑到了互动式阅读的可操作性。所以插图中经常已经预先嵌入了问题：“哪只山羊很高兴？”“哪个宝宝在洗澡？”大人只需打开书，把书中的文字读出来即可。通过绘本，家长可以拓展孩子的世界，促进其理解能力及口头描述能力的发展。

和孩子说话的效果是极其显著的，但有时候适当保持安静也是必要的。有个爸爸告诉我，他读书的时候喜欢偶尔停顿片刻，好让年幼的儿子思考一下故事内容并发表自己的看法。开放式的问题也很好。像碧翠克丝·波特的《刺猬温迪琪夫人的故事》、维吉尼亚·李·伯顿所改写的《皇帝的新装》或麦克·巴内特的《山姆和大卫去挖洞》都能为孩子提供足够思考的空间，让他们提出自己的意见和看法。轻柔地问孩子“我不明白这是为什么呢？”或者“你是怎么想的？”可以鼓励孩子思考。

有位女士告诉我，她的两个孩子还小的时候，她会有的放矢地通过讲故事来教给他们知识。当时她特别想培养孩子的听觉分辨能力。听觉分辨能力就是区分不同发音的能力——比如区分英语中的爆破音“t”和“d”——具备了这项能力，孩子才能学会自主阅读。她会坐在摇椅上，把两个孩子抱在腿上，“然后我问他们，‘能不能在这一页找到一样东西，它的第一个发音跟 dinosaur 的第一个发音是相同的？’”她告诉我。有时候她会让孩子们每听到某个音就拍手，他们都觉得很好玩。她坚持用这些方法，久而久之，孩子们不仅学会了区分单词开头的辅音，还学会了单词开头的辅音组合，她甚至还教他们区分长短元音。在妈妈的努力下，孩子在不知不觉中已经为将来上幼儿园打下了基础，他们觉得每晚的睡前故事是有妈妈陪伴的美好时光。

* * *

孩子长大一些后，有足够的语言能力进行自主阅读又会怎样呢？能自己读书确实很棒，但这并不意味着从此父母给孩子读书这个做法就该弃之不用了。恰恰相反：亲子阅读仍然有它的作用——丰富知识，启迪思路，传递知识，互相影响。读故事的人与听故事的人能够在令人欲罢不能却又费力难懂的故事中相遇，这些故事语言优美，角色内涵丰富，能永久地促进想象力的发展，只要努力地反复阅读就一定会有收获，在我看来，这是亲子阅读真正的乐趣。

在这里我想谈谈父母应该怎么努力。给孩子读故事需要时间，不过对于多数成年人而言，读几个绘本故事并不是多累人的事情，当然，有时候你也会感觉读一本书就好似要了你的命。孩子还小的时候，要想（差不多）每天都能坚持给孩子阅读，家长是需要一些自制力的。等孩子大一些，其他活动开始会占用故事时间。家庭作业、体育运动、和朋友玩耍、做兼职，还有电子产品的多重诱惑都可能会挤掉亲子阅读时间。绝不能允许这样的事情发生。这是一场值得拼尽全力去打赢的战斗。

父母与孩子可以既拥有网络世界，也拥有现实世界，还能在文学的殿堂中相遇。我们并不是要完全放弃电子产品。共同阅读实际上能让大人和孩子更和谐地与电子产品友好共处。它为我们提供了每天互相联结的机会，而且这种联结是在低压力水平状态下发生的，并能激发出大量的神经化学物质，即使父母读的书对孩子而言或许复杂难懂。抽出时间给孩子读书是父母永不言弃的爱的体现。双方的付出和努力——也就是所牺牲的时间——也是收获的一部分。

只要能坚持下来，其回报将是丰厚的。那个喜欢罗德·坎贝尔的翻翻书《亲爱的动物园》的小女婴，到了学走路的时候迷上了路德维格·贝梅尔曼斯的《玛德琳》系列，上了六年级时听马克·赫普林（Mark Helprin）的《一个遥远而清澈的王国》（*A Kingdom Far and Clear*）听到瞠目结舌，长成了大姑娘以后又被托尔斯泰的小说所折服，尤其钟爱优雅美丽、命运悲惨的安娜·卡列尼娜。

每一本书都为下一本书铺垫好了道路，它们为孩子展开了一片有阳光洒下的文学绿茵，只要耐心等待，他们总会与那些被几代人所熟知、所热爱、所铭记在心的优美文字、文学人物与场景邂逅。对于儿童或者青少年来说，通往阿卡迪亚[①]的车票其实很简单。他们只要认真听就行了。

多数人能理解的词汇比日常生活中所使用的词汇要多得多。婴儿就是很好的例证，他们早在会张口说话之前，就能听懂简单的语言。说话晚的孩子同样也说明了这一道理。科学家们在给小狗做核磁共振后发现，就连狗也能不受说话人语调的影响，听懂某些词汇。

接受性词汇是指孩子能理解的词汇，产出性词汇是指孩子会使用的词汇，孩子能理解一个词汇比会使用一个词汇要早1到3年。这就是说，通过用耳朵听他就能够理解那些在他使用能力范围之外的词汇。《朗读指南》的作者吉姆·崔利斯指出，孩子的阅读水平大概要到上了初中才能赶上听的水平。因此，大人给孩子读书不仅仅是讲了个故事：通过朗读时的语调、停顿和发音方式，大人还给孩子示范了遇到复杂长句时应该如何分解、理解，并从中找到乐趣。同时，孩子还能吸收许多新鲜的想法，沉浸于陌生的词汇。

“学生可不是通过单词表学会新词汇的。他们是把听到的或读到的上下文结合起来，从整体主旨中猜出新词汇的意思”，赫斯指出（E. D. Hirsch）。他原先是弗吉尼亚大学教授，他在1987年出版的畅销书《文化素养》是他最为人所熟知的作品。“而理解文章的主旨需要背景知识。设想一个孩子读到‘每年都会泛滥的洪水使得尼罗河三角洲的土地丰

---

① 阿卡迪亚，希腊南部地区，在诗歌和小说中常用来指代世外桃源。

饶，适合耕种’，假如他对于埃及、农业、河流的三角洲等背景知识不太了解的话，他是不太可能猜出陌生词汇‘每年（annual）’以及‘丰饶’（fertile）的意思的……词汇的积累是一个缓慢的过程，学生需要对于上下文的内容足够熟悉，才能理解陌生词语。增加词汇量，提高阅读能力靠的是大量的输入，而不是技巧——语言学习是没有捷径的。”

儿童在词汇积累的过程中，同时也学会了惯用法以及大致的语法规则。“儿童在阅读的过程中会碰到另外一种隐性词汇，即句法的复杂性。”教育专家道格·莱莫夫最近在接受采访时说道：“如果你给孩子一篇很难的文章，通常他们可以理解某个句子一部分的意思，但这个句子太复杂了，结构太多了，以至于他们不明白每部分放到一起该怎么理解。也就是说，句法对他们而言过于复杂了。”

莱莫夫接着以自己给小女儿读斯科特·奥台尔（Scott O’Dell）的著名小说《蓝色的海豚岛》为例。“她能自主阅读的书没有一本能与《蓝色的海豚岛》语言的复杂性与叙事的深度相抗衡，这本书真的特别出色。”他说。

> 所以我感觉给女儿读书就好像在给她推销伟大的作品，我给她读的书超出了她所能想象的最好的书的范畴，或许她以后的人生会因为一本书而改变。
>
> 关键在于我给她读了种类多样的词汇结构复杂的句子，这些句子比大多数成年人日常生活中用的句子还要高级，她当时上二年级，这样的句子我读了成千上万句。通过朗读，我帮助她理解这些句子，所以多数时候她都能明白。

莱莫夫的做法让我们领悟到了为孩子读书所带来的最令人兴奋的满足感，但这一点常常被人们忽视：每个父母都可以与孩子分享错综复杂又震撼人心的故事，他们是听得懂的。从他们的表情就能发现——他们看起来有些犹疑不决，好似没有在听，而是在想别的事情，但是他们脸上也闪烁着奇异的充满活力的光芒，因为他们已经走到了洒满阳光的绿茵上。真是令人惊叹。我们看不到他们看到的东西，但可以断定的是，他们在此流连忘返。

十一二岁的孩子已经具有了一定的阅读能力，但独立阅读 19 世纪含有很多从句的小说仍然会非常吃力。可要是能换个办法，让孩子惬意地坐在沙发里，边上有人给他读这个故事，让他自在地体会精彩紧凑又紧张刺激的故事情节，效果会完全不同。词汇、句法、情节、人物：这些元素孩子自己读或许会觉得枯燥无味，但如果是大人读，则能很好地把它们结合起来，从而创造出丰富的沉浸式体验。并且孩子有不明白、词语意思理解错误或者需要解释时，大人可以暂停一下，补充相关信息。无论是跟年幼的孩子进行对话式阅读，还是跟年龄大的孩子一起啃大部头，情境关联都起到了积极的作用。

不久前，弗洛拉让我给她读布莱姆·斯托克的《德古拉》。吸血鬼德古拉的故事是通过很多信件、日记和报纸上的新闻报道的形式来呈现的，情节错综复杂，语言晦涩难懂（这也难怪，《德古拉》于 1897 年首次出版）。我本来料想她一定听着听着就没兴趣了。结果弗洛拉居然听上瘾了。11 岁的弗洛拉很快就能听懂古英语的表达，并且对那些在我看来空洞无物或复杂难懂的描写全然不在意。跟随着小说中年轻的公证书记员乔纳森·哈克的脚步，弗洛拉在阴森诡异的古堡中与德古拉伯爵相遇了。她循着德古拉伯爵的活动轨迹，仿佛自己也被封在塞满了泥土的棺材中，乘着一艘将要大难临头的货船前往英格兰。她全神贯注地聆听：德古拉抓住露西的喉咙，贪婪地吮吸着鲜血；德古拉去蛊惑他的追随者雷菲尔德；德古拉攻击乔纳森的新婚妻子米娜。故事情节跌宕起伏，马上就要接近尾声，弗洛拉坚决支持书中的正义一方——乔纳森、昆西·莫里斯、范海辛、西沃德医生、高达明勋爵——他们兵分三路赶往德古拉的老巢特兰西瓦尼亚，想在城堡外截住德古拉伯爵，阻止他重新控制古堡。

弗洛拉听得如痴如醉，一个词都不肯错过，要不是我把时间控制在一个小时，她能听上几个钟头。故事眼看就要大结局了，她开始担心起来。根据前面讲过的内容，她推断作者一定会让某个正义的男主人公在最后的决斗中死掉。谁能活下来，谁又会死去呢？她咬着指甲……

"我知道，死的是昆西！他正直勇敢，可这个角色不是那么重要。"

她沉默了一会，倒抽了一口气说，"也可能是范海辛！因为他年龄最大！而且他说他愿意为了救米娜而死！"

我俩脸上都露出痛苦的表情——故事的悬念真是要把人折磨死了——然后我拿起书。弗洛拉身体往前倾斜，就好像前文中提到的小女孩艾拉一样，马上就要爬到书里去了。现在米娜·哈克与范海辛在喀尔巴阡山脉的荒地中安顿了下来。突然情节急转直下，德古拉手下的三个魔女在黑暗中现身。受惊的马匹疯狂地嘶吼，不顾一切地挣脱缰绳，幸好米娜与范海辛因为有法力的保护未受到任何伤害。眼看天色即将破晓，魔女消失了，米娜很快陷入了沉睡。

范海辛用不流利的英语说，"我点起火把，察看了马匹；它们都死了。今天我有许多事情要做，我得等到太阳高照；我必须得去个地方，而阳光……"

“他要干吗？”弗洛拉跳起来惊呼，“他要去杀了德古拉吗？他打算去哪儿？”

“我不知道！”

“求你赶快接着读！”

我回过头找到刚刚停下来的地方，又开始蹩脚地模仿起范海辛的荷兰口音。

“我要去的地方，即便有纷飞的雪花与氤氲的雾气，也挡不住阳光，阳光能护我周全。马上我得吃一顿饱饱的早餐，这样才有力气跟他来一场恶斗。米娜小姐还在酣睡；感谢上帝！她在睡梦中很安详……”

我又往下读了两段，三路人马的另外两路——乔纳森·哈克与高达明勋爵，西沃德医生与昆西·莫里斯分别从两个方向赶来——他们看到了德古拉的吉普赛护卫正急急忙忙地把装有德古拉未亡之身的棺材运送回古堡。

“With the dawn we saw the body of Szgany before us dashing away from the river with their leiter-wagon,[①]”我刚读完就意识到这里的重音读错了。我把重音放在单词“body”上，那么弗洛拉会理解成“护卫的尸体”的意思，但实际上它的意思是指“所有的护卫”。

我看了眼弗洛拉，“你明白没有？”

“明白了，不过那是谁的尸体？”

看来我刚刚的解释十分必要。“这里不是指哪个人的尸体，而是指一群人。‘body’可以指某一具尸体，也可以是一个集体名词，指的是

---

① 这句话的意思是“在曙光中我们看到所有护卫与莱特货车从河边冲过来”，单词body是否重读，该句的意思也会随之改变。

一群人的集合。”

“哦。”

“比如，联合国就是个议事集合体（deliberative body），而美国参议院是立法集合体（legislative body）[①]。”

“知道啦。你能接着往下读吗？”

弗洛拉和我都笑了，我继续读：“With the dawn we saw the body of Szgany before us dashing away from the river with their leiter-wagon. They surrounded……”

“什么车？”

“莱特货车。比较长的木制货车，不是很重，”我解释道，“他们围了上去，准备发起伏击。雪花无声无息地从天空中飘落，空气中弥漫着一种诡异的骚动……”

我又接着一口气读了8页才等来最终的决斗，中间弗洛拉没有打断我。读到范海辛杀死魔女，让她们的灵魂获得自由时，我们目瞪口呆；读到昆西·莫里斯被一名护卫刺中失血而死时，我们痛苦地皱起了眉头；读到德古拉身体化为灰烬时，我们沉默无语。

故事结束了，屋子里一片安静。弗洛拉一副震惊又恋恋不舍的表情。

我们每晚都读《德古拉》，坚持了几个星期总算读完了。弗洛拉坐在我的身边，我们一起经历了这部惊悚小说中的种种恐怖场景。弗洛拉乘着马车疾速穿过罗马尼亚的郊外；跟乔纳森·帕克一起看到了吸血鬼德古拉长而卷曲的指甲，手掌心的毛发，和他如壁虎般飞檐走壁的能

---

① 通常翻译成“议事机构”和“立法机构”，这里为了便于读者理解作者本意故未按惯例翻译。

力。她搭载着俄国货船得墨忒耳号，和惊恐的船长一道，看着手下的水手一个一个消失。她探访了被关押的德古拉的追随者莱菲尔德，他吃苍蝇和蜘蛛，既感到害怕又只能无奈地等着他的“主人”降临英格兰。她看到原本活泼俏丽的露西日渐憔悴，最后变成了凶残的吸血鬼，看到露西的朋友用大蒜和利刃为她治病。

总之，弗洛拉听完了斯托克的代表作——这个哥特式的恐怖故事，并且非常喜欢。并不是所有的 11 岁孩子都会喜爱这本书，它再次说明了读故事能给孩子带来巨大的满足感：每个人的喜好是不一样的。

弗洛拉还是一脸丧气的样子，似乎还没有回过神来，不过她很快就高兴起来。

我就知道下面会发生什么。

“再讲一遍！”她叫道。“我们再读一遍《德古拉》吧！”

Chapter 6

第六章

心无旁骛与自由翱翔的力量

爱丽丝急忙跳过来，因为她从未见过穿着衣服的兔子，况且这只兔子还会看表，她好奇地跟在兔子的后面，穿过田野，突然，兔子“嗖”的一声跳进了矮树下面的大洞里。爱丽丝连想都没想就跟着跳了下去。

——刘易斯·卡罗尔，《爱丽丝漫游奇境记》

爱丽丝跳进了矮树下的兔子洞里，听故事的小朋友们也跟着她一起来到了未知的世界。刘易斯·卡罗尔的描写很好地反映出了读者的感受。读者既不知道什么样的地方在等着自己，也不知道将会发现什么，他与爱丽丝一同摸索，开启冒险之旅。他跟随着故事里的人物，做出相应的选择。从一开始坐下来听故事，他就置身于爱丽丝所处的情境中：在河边的草地上追逐白兔，接着钻进一个看起来并不起眼，其实“像地道”一样长的树洞。兔子洞突然拐了个弯，变得一直向下，随后爱丽丝坠入了深井中。

“大概是这个井太深，大概是她落得太慢，因此有的是时间让她四处观察，并且去预测后面将要发生的事情”，刘易斯·卡罗尔写道。这句话似乎是有意呈现读者一头扎进故事中虚拟世界的感受。小说家约翰·加德纳（John Gardner）称虚拟世界为“逼真、连续的梦”。

人人都喜欢精彩的故事。民俗学者西比尔·马歇尔（Sybil Marshall）认为：“人类似乎生来就对那些跟自己的经历、境遇不一样的故事充满贪婪的渴求；在孩童时期人类就会通过故事来拓宽自己生活的边界。”

在讲故事这样的亲密时刻，在从现实场景进入到故事情境的过程中，非同寻常的事情发生了。听故事的人在思考、想象与实际行动之间循环切换，而这会产生令人惊讶甚至深远的影响。如果说看电视是被动地从屏幕中获得别人预先准备好的娱乐素材，听故事则需要在听者的大脑中主动让故事里的气味、声音与场景活过来。

根据心理学家詹姆斯·希尔曼（James Hillman）的观点，讲故事不仅对孩子的心灵成长有益，也能让孩子更好地面对生活。他指出，那些小时候听父母讲故事的孩子，“比起没有听父母讲故事的孩子，状态更好，未来的发展也会更好……通过故事早些接触大千世界，才会对大千世界有所认识”。

在文学的世界中，我们完全不受环境、时间与空间的束缚。我们可以邂逅在现实世界中永远不会遇见的人物。我们可以间接地体验故事中人物的生活，从而能理解更丰富的情感。正如英国杰出的童书桂冠作家克里斯·里德尔所言:“一本好的故事书就是一台同理心制造机。”

人在听故事时内心会发生许多复杂又神秘的变化。关键在于要给他创造听的机会。

* * *

最近的某个冬日，我就亲眼看见了一屋子四年级的孩子是如何穿越到中世纪的波斯的。穿越设备是黛安·斯坦利的绘本故事。负责操作设备的人是学校的图书管理员，同时也是著名作家的劳拉·埃米·施利茨。穿越地点位于巴尔的摩一所学校的图书馆，该图书馆建于20世纪中期，由裸露的砖块与浅色木头建成，房间一头有一扇大大的窗户，透过窗户能看到外面阴暗低沉的天空。

到了图书馆，我正跟施利茨握手问好，就听到走道里突然传来一阵杂乱的叫嚷声，接着跑进来一群年龄约莫 10 岁的孩子。他们从我们身旁蜂拥而过，然后在放了垫子的板凳上一屁股坐下来，打打闹闹，有说有笑。稍等片刻后，施利茨一句话也没说，一只手把码尺稳稳地放到地板上，接着像吟游诗人一样举起另一只手。屋子里慢慢安静下来。很明显，孩子们已经习惯了流程，知道精彩内容马上就要开始了。

施利茨拉了张椅子，面对着孩子们坐下来，几句开场白过后，她举起了一本《财富》杂志。杂志的封面上是一个裹着头巾、穿着长袍的波斯男子，他指着一个跪在地上拥抱老虎的优雅女子。封面的两边装饰着美丽的花朵。

“很久很久以前，在波斯最穷困的地方，住着一位农夫和他的儿子奥马尔，”施利茨开始娓娓道来，“奥马尔成年了，他的父亲把仅有的一点钱给了他，并祝福他。从此之后，奥马尔就要自己谋生了，但可怜的奥马尔不知道该去哪儿，也不知道做什么好……”

房间里只听得到施利茨的声音。孩子们的面部表情非常放松。有个男孩拱起膝盖，把腿塞到了衬衣里面，只露出双脚。一个女孩盘腿坐着，胳膊肘撑在板凳上，身体微微前倾。还有个男孩干脆躺了下来，盯着天花板。但每个孩子都听得很入神。

“嘿，年轻人，说的就是你！”施利茨讲道，故事里出现了一个戴着面纱的陌生人，说话傲慢而专横。这个女人提议要把一只用皮带拴着的老虎卖给奥马尔：他可以让老虎用后脚表演跳舞来挣钱，以后就再也不用为吃穿用度发愁了。奥马尔同意了。

“奥马尔果真挣了不少钱。到了夜晚老虎就蜷伏在他边上，也不用担心有人打劫……”

这时候助教老师走过来，有个男孩头朝地，上半身伏在腿上，她把他扶了起来。其他孩子都面无表情，一动不动地坐着，他们的思绪已经飞到了波斯。

有了老虎的奥马尔变得非常富有，他觉得自己该娶妻成家了。有钱的奥马尔自以为是，把跟自己两小无猜、青梅竹马的姑娘薰妮抛到了脑后，他决心要娶一个更美貌的新娘。

> “你是个不错的朋友，”他假惺惺地对薰妮说道，“你不丑，但也算不上漂亮。你是农民的女儿，可你看我已经是个大人物了。以我的财富应该娶一个公主才是。”
>
> 说完他就离开了村庄，离开了儿时的伙伴薰妮，她乌溜溜的眸子里闪烁着哀伤，让奥马尔莫名联想到老虎的眼睛。

奥马尔来到一座富丽堂皇的城市，人人都知道这座城市的公主席琳伤心欲绝。自从她的未婚夫在婚礼当晚消失后，任何人也无法抚慰她的悲伤。

“大家都传言那个未婚夫溺水死了，”一个长舌妇女佣向奥马尔八卦道，施利茨模仿长舌妇的语气继续讲道，“但有人觉得他是被巫婆施了咒语。”

施利茨并没有把讲故事变成语文练习课，她没有停下来让孩子们推测情节会如何反转，也没有要求大家分析人物性格特点，这让我非常欣赏。她甚至也没有每过几分钟就让孩子们看看书里的图画。她只是让词句源源不断地从嘴巴里汩汩流出，让语言施展它的魔力。

“哦！”一个卷头发的男孩突然吸了口气喊道，只见他一副兴高采烈的神情，小脑袋转了一圈，四处寻找有没有跟他一样已经猜到了老虎究竟是谁的人。老虎其实就是公主深爱的人，他是第一个猜出来的。愚蠢的奥马尔，自以为能够获得公主的芳心，结果却将公主的未婚夫带到了她面前。咒语解除了——老虎消失了，取而代之的是一位英俊帅气的年轻男子。

城里的每个人都认为公主能找回爱人是奥马尔的功劳。苏丹感激不尽，赏给他好多金银财宝。只有奥马尔知道自己有多么愚蠢。无地自容的奥马尔于是偷偷回到了家乡，向薰妮道歉，请求薰妮能原谅他，嫁给他。“好吧，”薰妮说道，“我该怎么回答你呢。你不丑，但也算不上英俊。当然，你更不是什么王子。”

孩子们哄堂大笑。最后薰妮答应了奥马尔，两人喜结良缘。屋子里爆发出一阵热烈的掌声。孩子们又回到了巴尔的摩。这真是一趟美好的旅行。

* * *

好的故事能够快速抓住听众的注意力，上文的小插曲就是活生生的例证。施利茨讲故事时，孩子们就好像进入了蛰伏的状态。虽然孩子们自己意识不到，但从听故事中获得的乐趣会帮助他们形成一种行为的良性循环。只有坐着不动，保持安静，集中注意力，才能享受故事带来的乐趣，而故事的乐趣又会反过来让他们坐着不动，保持安静，集中注意力。一只老虎、一个愚蠢的家伙，还有一个伤心欲绝的公主所构成的绘本故事能有效地帮助四年级的孩子提高注意力持续时间。

这样的功效可不能小觑。我们生活的时代是个注意力分散的时代，想要专心致志谈何容易。新的科技已经把我们训练得如蜂鸟一般灵活迅速——我们频繁地滚动屏幕，点击鼠标，发推特，点赞，等等。对于那些需要客户持久集中注意力的行业尤其是出版行业而言，这样的变化无疑令人非常不安。就在不久前，西蒙与舒斯特出版公司的总裁卡罗琳·雷迪还忧心忡忡地大声疾呼，“在科技的影响下，当今几代人的注意力时长已经短到无法坐下来专心读一本书了”。

科技带来的快感能够催生出更快也更狂热的行为循环。滚动屏幕，点击鼠标，发社交动态，点赞等可以让我们的大脑分泌出少量化学物质，这些化学物质促使我们继续相同的行为——它所形成的循环，在科技作家亚当·奥特看来，会让我们对电子产品毫无招架之力。其影响之一就是专注力变差。据说从世纪之交到现在，成年人的注意力时长平均下降了 12 到 8 秒钟。如果这个数字是可信的，那么人类的注意力确如微软公司的 CEO 萨提亚·纳德拉所言，正在成为“稀缺品”。

我们是否愿意付出努力，保持专注，对此每个成年人都有自己的判断和选择。但对于儿童而言，问题就没有那么简单了。他们要上学，上课时必须专心听讲。而且他们还得能理解别人所说的话，尤其是在低年级，吉姆·崔利斯指出，多数教学内容是通过口头传达的。

那些听父母讲故事的孩子入学后在专注力方面具有三重优势。首先，他们已经习惯了听，所以上课听讲也很轻松。其次，他们已经听过了许多单词语句，所以理解能力相对要强一些。并且，他们已经从经验中学到了道理——专注会带来相应的回报。这三种优势的价值可不小。有研究证明，儿童早期的专注力与未来的数学与阅读水平密切相关。2013 年，俄勒冈州立大学的研究人员发现，一个 4 岁孩子“注意力所持续的时长”——这是论文中所用的术语，能够预测他 21 岁时的数学成绩与阅读成绩。4 岁时注意力所持续的时长还能预测出他能不能在 25 岁之前完成大学学业。如果不培养孩子专心听讲的能力，其后果将是严重的。

✸ ✸ ✸

劳拉·埃米·施利茨给四年级的孩子讲完故事后，我走到孩子中间，坐下来跟他们聊天。我想知道他们如何看待刚刚的体验，他们的感受如何，又是怎么想的呢？

孩子们的回答完美揭示了想象力是如何在暗中发挥作用的，同时让我们看到了施展自己的才能所带来的满足感。

“劳拉讲故事的时候，我的脑袋里只想着故事。”

“我觉得很激动，听得津津有味。”

“别人给我讲故事时候，我觉得自己就是故事里的主角。”

“听故事时，我会想得更深一些，比如我会思考那个老虎是不是王子。”

“如果是自己读书，我能聚精会神，但我发现听别人讲故事更容易集中注意力，因为不需要看着文字理解单词的意思。”

“我感觉像是在解谜。我完全忘记了自己在哪儿。我仿佛是从天空中往下看，能够看到故事的全景。”

最后这个孩子所描述的灵魂出窍的感受——俯瞰整个故事或者置身于故事中，沉迷于故事，既普遍又非同寻常。在口述回忆或回忆录中我们经常能看到这种穿越式的体验。

沃尔特·奥尔森（俄罗斯孤儿蒂姆的养父）第一次有这种体验时比劳拉·埃米·施利茨的小听众们的年龄要稍微大一些，自那之后，这种体验就再未离开过他。沃尔特·奥尔森当时上五年级，有一天老师拿出一本印第安勇士疯马的长篇传记给大家读起来。

“老师给我们读了几个星期，”奥尔森回忆，“我当时对这本书就像着魔了一样。天哪，老师居然要把这本书全部读完！老师吐字清晰，声情并茂地为我读一本书，让我沉浸其中，这是从未有过的奢侈。”

作家阿尔伯托·曼谷埃尔小时候因为哮喘而不得不卧病在床。他会靠在枕头上，听护士讲“吓人的”的格林童话。“有时候我听着听着就睡着了，”他回忆道，“有时候则完全相反，我会听得热血沸腾，然后一个劲地催她快点讲，巴不得早点知道结局。但多数时候我只是单纯地享受被语言打动的乐趣，享受那种思绪已经飘到千里之外的感觉，矛盾的是，书上最后一页明明印着那个地方的图片，我却连看都不敢看一眼。”

小说家凯特·迪卡米洛上二年级时，老师给同学们朗读《蓝色的海豚岛》，她形容自己“过了一遍”主人公的生活。朗读故事能“改变孩子的一生”，迪卡米洛说。“它能把孩子变成作家，当然也能把孩子变成热爱阅读的人。”

对于法国作家丹尼尔·佩纳克（Daniel Pennac）而言，听故事则更多的是一种解放。在《读者的权利》一书中他写道：“自由。这是孩子感受到的。一份上天赐下的馈赠。一个人的安静。抛开一切纷扰。睡前故事能让他们忘却白天的疲惫。他们就像驶出锚泊区的船只，御风而行，无比轻盈。而我们的声音就是风。”

一份上天赐下的馈赠，一种奢侈，一种能改变人生的自由：我们为什么要用它来换取别的东西呢？为什么要放弃呢？但多数家庭，哪怕是那些在孩子还小时就会给他们讲故事的家庭，最后都会放弃。根据学乐公司一年两次的调查结果，孩子到了 5 岁时，父母慢慢就不再讲故事了。对于绝大多数 9 到 12 岁的儿童来说，故事时间是如此稀罕以至于近乎没有。但 2014 年的一项调查表明，40% 的 9 到 12 岁的孩子希望父母能继续读故事。

他们想一直飞翔下去。

✷ ✷ ✷

20 个世纪有一所速记函授学校在杂志上登了一则广告，广告如下：

F u cn rd ths, u cn

bcm a sec & gt

a gd jb w hi pa①

我和朋友因为这则广告捧腹不已。我们能看懂这则广告。我们就可以当上秘书，找到报酬高的好工作啦！

通过这则广告我想告诉大家，我们不需要知道每一个单词的每一个字母也能猜出广告的意思。同理，听故事的人——尤其是年龄小的孩子——即便无法理解人物角色的所有动机，即便不明白所有词的意思，仍然会被精彩的故事深深吸引。这则广告实际上跟刘易斯·卡罗尔在《爱丽丝梦游仙境》的姐妹篇《爱丽丝镜中奇遇记》中所创作的《炸脖龙之诗》很相似：

空洞巨龙光滑如菱鲆，蜿蜒蠕动，

---

① 这则英文广告中使用了速记法，正常语句应为：if you can read this, you can become a secretary and get good jobs with high pay. 中文意思是：如果你能看懂这则广告，那么你就可以成为一个秘书，找到报酬高的好工作。

缠绕如藤萝，转动裕如，
摹仿诚可信，真伪难辨，
反应虽敏捷，难掩愚蠢。[①]

玛丽亚·塔塔尔在哈佛大学向学生介绍卡罗尔时说："孩子听到了，那就是一个故事，虽然他们只能理解书中一半的词语，可这也没关系。故事是一个整体。我觉得小孩子听故事一定都是同样的感受——半懂不懂的。"

接受性词汇与产出性词汇之间存在差距——也就是说我们能够理解的词语比能说出来的词语要多得多——从某种意义上而言这是语法、句法与语境共同作用的结果。更广泛地来看，正是两者之间的差距给我们留下了体验超验乃至超自然的空间。刘易斯·卡罗尔编出些稀奇古怪的词语，然后把它们串成了一首诗，而读者也会有自己的理解。词语的艺术性能够引起兴趣，激发我们，虽然我们并不清楚其中的原因。小说家菲利普·普尔曼就有过同样的感受，他十几岁时，英语老师给全班同学朗读了约翰·弥尔顿的《失乐园》。

"我当时几乎搞不明白这首诗在讲什么，"普尔曼告诉儿童文学史学家伦纳德·马库斯，"但是听老师大声朗读弥尔顿的史诗，自己再细细品味，这给我带来了极大的震撼。经过这件事我才明白，有些东西虽然我们不甚理解，却能影响我们，并且能够更深层次地触动我们。我还发现，诗歌还能引起人的生理反应。比如头发竖起来，皮肤紧绷，心跳加快。"

---

① 此处引自贾文浩、贾文渊译本。

我亲眼看见过我的孩子们也会这样。从他们的呼吸和肢体语言就能发现精彩的故事所带来的震颤：毫无疑问他们的心跳也会加快。每次都能让他们如此激动的正是《金银岛》。在前文中我提到过，每隔几年我们就会再读一遍这本书。我想这是孩子们为何会对这个故事爱不释手的原因。每读一次，孩子们就比上一次又大了几岁，他们能理解的语言和故事内容也越来越多。

第一次给孩子们讲《金银岛》时，茉莉 6 岁，她紧靠在我身旁，遇到不熟悉的词或概念时会经常打断我，问这问那。帕里斯只有 4 岁，一边在地板上玩玩具，一边懵懵懂懂地听。维奥莱特还不到 1 岁，所以我猜她听到的只是妈妈模糊不清的声音，这会让她觉得安心。

两年后我们又拿起了这本书，这一次帕里斯就像枚刚出膛的炮弹。他兴奋至极，上蹿下跳地把故事里的场景都演了出来。讲到第 25 章时，我每读几行就按捺不住心中的激动。这一章的情节特别扣人心弦。年轻的主人公吉姆·霍金斯到了生死攸关的时刻。孤立无援的他不得不面对诡计多端却受了伤的水手长伊斯莱尔·汉兹，他才知道对方原来是个海盗。伊斯班袅拉号在离金银岛不远的海面上搁浅了，巨浪拍打着船身，吉姆爬到甲板上，看到有两具海盗的尸体（一个戴着红帽子）在甲板上前后滑动。

“那里赫然是两个留守的海盗！戴红帽子的家伙四脚朝天躺在那里一动不动，龇牙咧嘴，两臂摊开，像是被钉在了十字架上；水手长伊斯莱尔·汉兹伸直两腿——”我读道。

帕里斯从沙发上跳了起来。他跳到地板上，两臂僵硬地摊开，又是龇牙又是咧嘴。

“像这样吗？”

我们都笑了。接着帕里斯又迅速蹦了回去。

“水手长伊斯莱尔·汉兹伸直两腿，靠舷墙倚坐着，下巴抵在胸前，双手张开平放在面前的甲板上，本来晒成棕黑色的脸孔看上去苍白如牛脂——”

“什么是牛脂？”茉莉问。

“牛的脂肪。”

“真恶心。”她做了个鬼脸。

“接着讲！”帕里斯大声嚷嚷，“我爱死这个故事了！”

“几面船帆鼓满了风，忽而向左，忽而向右，毫无定向，帆桁来回晃荡，帆樯快承受不住了，发出吱嘎的响声——”

“呼呼呼！”

帕里斯又冲了出去，在屋子里一边来回转圈，一边发出类似纵帆船在恶劣天气被狂风吹过的声音，他举起双臂当作船帆，像帆桁一样来回晃荡。

“这样对吧？”

帕里斯对这本书的感受显而易见，不是那种细微不易察觉的感受，也并非悬浮于故事上方俯瞰整个故事。很明显，他全身心地投入到了主人公吉姆的历险奇遇中。

如果6岁的帕里斯是第一次听到《金银岛》的故事，他还会如此喜爱吗？或许吧。但我不这么认为：这个故事之所以能激发他如此强烈的共鸣，是因为他脑海深处依稀记得自己以前听过这个故事，只不过当时太小无法理解其中的微妙。听第二遍时帕里斯已经有了一种主人翁的感觉，对于这次历险，他已经具备了一定的兴趣。就像掉进了兔子洞的爱丽丝，他来到了故事中，并被它所环绕和包裹。

第三遍讲《金银岛》时帕里斯已经 11 岁了。这一次他没有从座位上跳起来。对于主人公吉姆及同伴们所面临的道德困境，他有了更成熟、更深层次的思考。通过性格和蔼、亦正亦邪的史约翰这个角色，他明白要想透过一个人的表象看到其本性是件很困难的事情。

假如帕里斯每隔几年就看一遍《金银岛》电影的话，他一定不会像听故事那样进行深刻的思考。听故事时，他必须从内心深处汲取力量，以想象构建出完全不同的世界，这个世界有丰富的声音、色彩、气味和人物：铁锹撞击着干涸的土地，冰冷的海水，史约翰白里透红像火腿一样的面孔。但看电影的孩子不需要想象。

电影是一种非常棒的艺术形式，但是它也有专横武断的一面：电影业的权威决定了电影的图像和观感：从人物的服饰到灯光的角度，从整体气氛到背景音乐；观众的投入是多余的。这也是为什么有些父母会让孩子先阅读经典的儿童文学作品，然后再观看迪士尼、BBC、瓦尔登传媒等改编拍摄的电影。我们希望孩子在坐到大银幕之前，能先好好品尝《小飞侠》《小熊维尼》《夏洛的网》的原汁原味。

年龄小的孩子要想做到这一点并非易事，而且，随着互联网走入千家万户，父母们面对的局面更为艰难。读不懂《哈利·波特》的一年级小学生可能已经看过了电影，或者说至少看过人物角色的照片，这的确在所难免。书还没来得及翻开，孩子的脑海中已经形成了永久的印象：哈利就是丹尼尔·雷德克里夫，麦格教授就是玛吉·史密斯。一旦电影殖民了孩子的大脑，那么这个故事将再也无法完全属于他。（新版《时间的褶皱》电影在 2018 年上映，上映之前我连忙给弗洛拉讲了这个故事。但为时已晚：她已经看过了宣传片，从弗洛拉的疑问中我可以判断，她是透过电影导演艾娃·德约列的视角“看”了麦德琳·兰歌的这部小说。）

* * *

不过从某个方面来看，电影与朗读故事——以及有声书——又有相同之处。人们经常批评这三种方法是在文学欣赏的道路上走捷径。但我认为这种说法并没有多少道理。我们坐下来观看电影时的确是处于被动的状态，处于信息接收模式。阅读路易斯·撒察尔的《寻宝小子》颇费一些精力，而观看电影只要后背舒舒服服往椅子上一靠就行了。

听故事的人看起来似乎也是被动的。但事实并非如此：光听声音是不够的，它需要听者的大脑与心灵的玄妙配合。听故事就如同一个领悟的过程。它远非省时省力的捷径，而是一种能接触各种写作，让孩子深层思考的方式。

* * *

通过朗读，父母把书本作为一种有趣的物品，作为知识与奥妙的载体介绍给孩子。通过书他们能明白很多道理：怎么翻页，文字应该从左边看到右边，字母是什么样，字母如何组成单词，单词组成句子，句子组成段落。

随着时间的流逝，孩子年龄渐长，阅读会让他们熟悉更丰富、更多样、更正式的语言。他们会慢慢理解什么是修辞，能够发现双关、头韵和尾韵。他们知道人称的变化，能区分以一般现在时讲述的故事和一般过去时讲述的故事，了解对话和方言。这些能力在自主阅读的过程中都能起到积极的作用。

那么给已经能自主阅读的青少年读故事是否在破坏他们的能力，是否在把他们当作婴幼儿看待呢？

答案是否定的。听别人朗读与自主阅读，从本质上来讲，是同一材料的两种处理方式。从神经学层面来看，它们的机制是不同的。这两者的差别与走路和跑步之间的差别有些相似，都是能到达目的地的可行方法。走路到达目的地省力费时，但你能说走路幼稚吗？跑步省时费力，但你能说跑步就更成熟吗？一个人之所以会选择走路或跑步，要考虑很多因素，但成熟与否显然不在其中。默读与朗读也是一样的道理。不同的处理词汇的方式，调动的是不同功能的大脑区域。塔夫斯大学教授玛丽安·沃尔夫说过，“人类并非生来就会阅读”，但是我们必须学会阅读。不过我们的大脑似乎并不能分清某个故事究竟是自己读的，还是听别人读的。研究有声书的历史学家马修·鲁伯里告诉我，如果一个人以自主阅读和听有声书两种方式读一本书，他通常记不得哪些部分是自主阅读时读到的，哪些部分是在有声书里听到的。

对于那些不擅长阅读的人而言，要是有人能帮助他理清楚复杂句，他肯定会轻松很多！听别人绘声绘色地朗读文学作品，这或许是除了电影之外，他们唯一能够与图姆纳斯先生①、《天方夜谭》或柴郡猫②邂逅的机会，这样的邂逅意义重大。这或许也是他们能像擅长阅读的同龄人那样，无忧无虑地感受小说乐趣的最佳途径。

学校里的老师可以要求青少年自主阅读小说，并检测理解水平，让他们写读书报告，要求他们找出作品的旋律与主题。这或许算不上世界上最糟糕的事情，但对于多数青少年来说，这样的教学体系无法让他们爱上文学。而给孩子读书——能让各个年龄层次的孩子与书本、与长篇

---

① 《纳尼亚传奇》中的角色。

② 《爱丽丝漫游奇境记》中的角色，形象是一只咧着嘴笑的猫，拥有能凭空出现或消失的能力，甚至在它消失以后，它的笑容还挂在半空中。

巨著建立联结，而不会被电子屏幕所吸引。

威斯康星州的中学教师蒂莫西·多兰在2016年发表了一篇论文，论文中写道："每年我都能碰到个别讨厌阅读与写作的学生。多数情况下这是由阅读能力欠佳造成的，但也有例外。有些孩子从小到大在阅读的过程中只关注词汇的发音，而无法沉浸到故事中去。"

针对这些学生，多兰会读一些扣人心弦、鼓舞人心的故事，比如苏珊·埃洛伊斯·欣顿的《追逐金色的少年》、雷·布拉德伯里的《华氏451》。这样无论孩子的阅读水平是好是差，他们都能够从故事中获得乐趣。对于所有孩子而言，它是公平的、一致的。故事一直在推进，每个孩子都能听懂。"在多数孩子看来是常见词的词语，阅读能力较差的孩子却要花大量的时间来猜测它们的意思，"多兰写道，"太多陌生词语只会变成令人头疼的阅读障碍，所以他们如何能欣赏雷·布拉德伯里作品的美妙呢？读故事可以让他们在没有心理负担的情况下听懂复杂的语句。"

这么做是不是把青少年当婴幼儿看待了呢？这个问题在教室里也能找到答案。"今年有位家长质疑我这个方法是否得当，"多兰写道，"起初我挺生气，后来我回忆起自己第一年工作时也有这个疑问。我实在无法想象读书能让班上30个八年级的孩子全神贯注。但事实是，当读到《局外人》最后，波尼博伊拆开约翰尼的信读起来时，教室里一片寂静，就是针掉在地上也能听见。"

近几年来，一些教师开始在教学中使用播客。所有学生戴上耳机，一边同时同步听，一边看着平板电脑上的文本，让听觉和视觉一起接收信息。高中老师迈克尔·高德西给学生播放的是由莎拉·科尼格（Sarah Koenig）主持的系列播客节目的第一季。其中有个故事讲的是巴尔的摩的一个女孩可能被前男友杀害，同学们听得很入迷。高德西在《大西洋月刊》上撰文讲述了自己的教学经历，他承认在学生自主阅读与听老师读书这两者之间确实存在矛盾。

“我会因为学生自主阅读不够多而感到内疚，”他写道，“但他们能专注某个相关的故事——能积极踊跃地提问题，能发掘出批判性思维的内在驱动力——又让我觉得这么做很值得，至少暂时看是如此。”

高德西注意到学生的学习积极性更高了。他们能互相争论，主动查阅地图，文章写得更全面细致，并且乐于与大人谈论自己的想法。

> 多数同学表示，边听边看文字能提高专注力，有效防止“走神”。还有些同学的感受似乎与此有些矛盾，他们现在能同时做多件事情——一边听一边记笔记，或完成阅读练习，甚至不看屏幕也行。有些同学则发现，第一遍没听明白的内容回头再看一遍就明白了。还有同学说他们看屏幕的节奏会略提前于音频，这样还能有时间摘录好词好句。一位视力有问题的同学说这样他可以在放松眼睛的同时继续享受故事的乐趣。一些英语是第二语言的学生则写道，他们可以先看文本，自己尝试读出单词——紧接着就能“听到单词的正确发音”。

与真人读书相比，耳机与平板相结合的教学方法或许要少了些人与人之间的温情。它更像平行游戏，每个学生是独立的、分开的。但这种方法仍然值得尝试。高德西为学生精心挑选了与时俱进的阅读材料，这也提醒我们，要想让青少年全身心投入到故事中去，大人在选择读物时应该要具有创新意识。

教师简·费德勒刚到马里兰州社区大学任教时发现，这个道理同样适用于20岁左右的青年人与成年人。她所教的都是被公共教育系统淘汰下来的学生。很多学生一边工作，一边利用业余时间学习以获得学位。有少数还是上过战场的士兵。他们生活得非常艰难。

多数学生在上社区大学之前没有完整地读过一本书，费德勒告诉我。“我就纳闷了，‘那你们高中是怎么毕业的？’他们答，‘我们写的论文是关于某部作品的，但我们压根没读过它。’”

为了培养学生对小说的兴趣，费德勒决定给他们读一部自己能找到的、最生动有趣且容易理解的作品：篇幅较短且有很多打斗场面的情色惊悚小说。

“在水平差一些的班上，我给他们读詹姆斯·帕特森的《风帆》，”费德勒说，“这本书扣人心弦，讲的是一个女人的丈夫背叛了她，于是她离婚后又再婚，而前夫想要杀死她。学生都很喜欢这个故事。”

“‘好的’，我会告诉大家，‘下面拿出《风帆》，我们要读第25章。’然后我会讲述彼得·卡莱尔如何对妻子不忠，跟他的学生贝莉风花雪月。有个学生告诉我，‘我今天凌晨4点就爬起来了，从你上次停下来的地方接着读，总算读完了！’”

费德勒用非常规课本教会了学生们具体的阅读技能。她让学生根据线索推测人物最后的结局。她讲解词汇。“他们绝对不会主动去读这本书的，但我的朗读却能让他们全神贯注。这本书读完了，学生们翻到最后说道，‘看，这里介绍了帕特森的另外一本书，看起来挺有意思的。’这可是第一次完整地读完一本书的孩子们所说的话！真是太好了。”

真是太好了。要是我的孩子觉得学校布置的阅读材料比较难，我一定会毫不犹豫地读给他听。我真希望能回到过去，在菲比四年级暑假与小说《自由战士》苦苦斗争时帮助她，读给她听。现在看来，无论是语言还是内容，这本书对于四年级的菲比而言都有点难。她既然不能放松自在地阅读，自然无法找到其中的乐趣。如果我当时能声情并茂地读给她听，她或许会喜欢上这个发生在独立战争前夕波士顿的故事。她也不会因为阅读的过程太过痛苦而排斥这本书的作者埃丝特·福布斯（Esther Forbes），她或许能欣赏到这个故事所蕴含的力量、情感与美。

这不正是我们渴求的吗？读文学作品的目的还能是什么呢？小说不是折磨人的刑具。在人类灿烂的历史长河中，没有哪个作家的写作目的是给读者打退堂鼓，多数是为了给读者带来快乐，实现更高的追求。

✸ ✸ ✸

1916 年秋，就在罗尔德·达尔来到这个世界之前，还在母腹中的他不得不接受他父亲所设计的不同寻常的胎教。

“每次我母亲怀孕，”达尔在他的回忆录《好小子》中写道，“到了孕期最后 3 个月，父亲就会向她宣布，‘愉快的散步计划’必须开始了。父亲会带母亲到风景秀丽的乡间漫步，每天走上一个小时，好让母亲吸收大自然的精华。他的理论是，如果孕妇的眼睛一直在观察瑰丽的自然，那么自然之美就能奇妙地被传送到子宫里宝宝的大脑中，这个宝宝将来长大了，也会热爱一切美好。”

这个方法似乎在达尔身上起效了，因为美丽的人、事物和构思都会让他感到高兴，虽然他的作品更多的是在揭露恶。我们在达尔的故事里能看见样貌丑恶的人，虚荣贪婪的贪吃鬼，自私自利的父母，暴虐的女校长，还有令人作呕、头戴假发的女巫。在《查理与巧克力工厂》《好心眼巨人》及《了不起的狐狸爸爸》——在为成人写的故事合集《惊奇故事》中——他的写作风格幽默讽刺，天马行空。他的故事中总会发生些极有冲击力的大事件。达尔笔下的男女主人公善良且富有想象力，邪恶终归会被打败，羞涩与高尚则会得胜和兴旺。

读达尔的书——不仅特别有意思——还能让听者产生对美的向往。这种美不是在风景宜人的乡间所看到的缥缈又脱离尘世的美，而是顽皮淘气、充满生机又仁慈善良的人性之美，是正义战胜邪恶，是看到坏蛋得到应有的惩罚时的大快人心。达尔的写作风格干脆利落，绝不拖泥带水，读起来酣畅淋漓。比如《詹姆斯与大仙桃》中，巨大的桃子从树上掉下来，往前滚去，压死了詹姆斯两个贪得无厌的姨妈——海绵团姨妈和大头钉姨妈，这两个坏女人为了发财把大仙桃当作摇钱树，每天卖票让人来参观。

要想体会那种酣畅淋漓的感觉，不妨大声朗读下面的描写：

> 她们被吓得目瞪口呆，尖叫着撒丫子就跑。她们惊慌之中撞到了一起，推推搡搡，只顾自己逃命。胖胖的海绵团姨妈被盒子绊倒了，这盒子是她装钱用的，她摔了个狗吃屎。紧接着大头钉姨妈被海绵团姨妈绊倒了，扑在她身上。两人在地上扭打、撕扯，挣扎着想爬起来，但一切都太晚了，巨大的仙桃从她们身上碾了过去。
>
> 只听见一声清脆的嘎吱声。
>
> 一切安静了下来。
>
> 大仙桃继续往前滚去。海绵团和大头钉姨妈躺在草坪上，仿佛被熨烫成了平整的薄片，就像从图画书中剪下来的纸娃娃，毫无生气。

“推推搡搡、扭打、撕扯和安静”等词的使用让动作和感觉如此生动，我们似乎看到了画面。桃子皮儿光滑又漂亮，有房子那么大，“表皮上有浓浓的奶黄色的斑点，点缀着亮丽的粉色和红色”。这么一个美味多汁的桃子结果把虐待詹姆斯的姨妈给轧平了，真是大快人心啊。

“很大程度上，儿童文学是通过美与丑所带来的冲击吸引孩子的。”玛丽亚·塔塔尔在《中了魔法的猎人》中写道。我和她就这个观点进行了进一步的沟通，她说：“人类喜欢大吃一惊的感觉，故事中总会有夸大与扑朔迷离。读者在感到震惊的同时也很好奇——事情怎么会这样？如果发生在我身上应该怎么办？这样很快就能调动读者的所有感官。”

故事中的美与丑也能反映出人类本质的双面性：真实与欺骗，善心与敌对，忠诚与背叛，慷慨大方与贪得无厌。在罗尔德·达尔的作品中，面目可憎的丑恶角色的下场让读者觉得痛快，从侧面映衬出真善美的力量。在《哈利·波特》系列中，J. K. 罗琳则明确地将爱与勇气和牺牲与损失联系起来；整部作品被死亡所笼罩，就像黑魔标记[①]在天空中翻腾。

童话故事中反衬崇高与美的丑陋角色同样多见。比如《白雪公主》中妒火中烧的皇后，她要猎人把白雪公主的心挖出来。但猎人被公主的美貌与纯洁所打动，于是放走了她，最后只好用刚杀掉的小鹿的心脏回去交差。维根·古罗安（Vigen Guroian）在《爱护美德之心》中写道：“童话构建出恐怖又美妙的奇异世界，丑陋的野兽会变成王子，邪恶的人会变成石头，正直善良的人能够重生，童话告诉我们的道德真谛千百年来普遍为人们所接受，以至于我们不会有丝毫的质疑。比如，自由给予的爱胜过强迫的服从。拯救无辜弱小的英勇行为是高尚的，贪生怕

---

① 黑魔标记是《哈利·波特与火焰杯》中伏地魔的标记，每当食死徒杀了人的时候，都会在尸体或房屋的上方留下黑魔标记。

死、背叛别人就该受到唾弃。童话故事直白地告诉孩子们，美德与恶行势不两立，美德让世界变得完满，就像万物受到了滋养。”

在多数优秀的儿童文学作品中，危险与死亡常常伴随着美好与生命，《纳尼亚传奇》《绿野仙踪》与《仙境之桥》都是如此。正如小说家杰奎琳·伍德森（Jacqueline Woodson）在 2018 年获得美国儿童文学大奖时所言，“每次读完一本书，我们都不再和从前相同。”

* * *

听人读故事所带来的愉悦，有些像小猫走路，无声无息，几乎察觉不到。不过它也会如暴风骤雨般给人带来冲击，1917 年的一个夜晚，未来的小说家与民俗学家佐拉·尼尔·赫斯顿（Zora Neale Hurston）就受到了这样的冲击。赫斯顿当时在一家夜校学习英语，老师是德维特·O. W. 福尔摩斯。

佐拉在回忆录《公路上的尘迹》中是这么写的：“我从未见过内心如此有活力的老师……他并不英俊，但有浓浓的书卷气，表情丰富，深邃的眼睛里仿佛有星星在闪耀。他高鼻梁，鼻头向下弯，嘴唇很薄——让人联想到古罗马的西塞罗、恺撒或维吉尔，只不过他皮肤颜色深一些。”

有天晚上，老师拿出一册诗给大家读起来，那一课影响了佐拉的一生：

> 忽必烈汗在上都曾经
> 下令造一座堂皇的安乐殿堂：
> 这地方有圣河亚佛流奔，
> 穿过深不可测的洞门，
> 直流入不见阳光的海洋。

有方圆五英里肥沃的土壤，
四周给围上楼塔和城墙：
那里有花园，蜿蜒的溪河在其间闪耀，
园里树枝上鲜花盛开，一片芬芳；
这里有森林，跟山峦同样古老，
围住了洒满阳光的一块块青草草场。[①]

赫斯顿惊呆了。“第一次听到塞缪尔·泰勒·柯勒律治的诗作《忽必烈汗》，我眼前浮现出诗中所描写的景象，突然有一种玄妙的感觉。福尔摩斯先生的声音一直萦绕在我的脑海里，接下来好几天我都好像活在虚幻的世界中。我告诉自己，那就是我的世界，我应该沉浸于其中，这是我必须做的事情。”

那天晚上赫斯顿的才智与对美的追求突然迸发了：老师读柯勒律治的声音让她兴奋不已，欲罢不能，也让赫斯顿与之前的生活分道扬镳，并帮助她找到了作家的宿命。

历史上还有其他人物在其他场合，通过聆听开启了学习文字的大门。人的嗓音不过是声音的一种，却能在愚昧与知识之间，在奴役与自由之间架起桥梁。南北战争之前，在美国南方有些州，教奴隶读书写字是违法的。但法律并没有禁止读书给奴隶听，后来成为废奴运动领袖与作家的弗雷德里克·道格拉斯（Frederick Douglass）正是通过聆听明白了字词是怎么回事。那时他大概 12 岁，他后来写道：“女主人经常大声朗读《圣经》，这点燃了我心中对于阅读的好奇心，激发了我的学习

① 此处引自翻译家王永年译本。

欲望。”

女主人后来还教道格拉斯学习字母，但她的丈夫很快便加以制止。从那以后，她对道格拉斯的态度急转直下，“奴隶制对她和我都造成了伤害，奴隶制把慈悲的心变成无情的石头，把善良的羔羊变成了凶残的老虎”。

女主人一看到道格拉斯拿着报纸就怒不可遏，直接把报纸从他手中扯开。“她是个聪明的女人，”道格拉斯颇具讽刺意味地写道，“事实很快证明，教育和奴隶制水火不容，这让她很满意。”

和道格拉斯一样，牧师托马斯·约翰逊年少时会在晚上非常专注地听别人朗读《新约》。约翰逊会请求别人来回朗读某些部分，因为他藏了一本偷来的《新约》，多听几遍记下来之后，他就可以对照着书学习单词。对于这些意志坚定的人来说，朗读就是隐秘的楼梯，引领他们通向知识的自由之路。

海伦·费金（Helen Fagin）是华沙犹太人区的幸存者。“要是读禁书被纳粹逮到了，运气好的去做苦工，运气差的要被处死”，这是她为杂文集《存在的速度》所写的文章中的句子。

> 我为犹太儿童秘密开设了一所学校，教他们最基本的知识。但很快我就意识到，教这些敏感的孩子拉丁语和数学实际上是在欺骗他们——他们需要的不是冷冰冰的知识，而是希望——穿越到另一个梦幻奇境所带来的希望。
>
> 这一天有个女孩恳求我：“您能给我们读本书吗？”她好像猜到了我的心思。

费金找到一本偷运进来的玛格丽特·米切尔的《乱世佳人》，她花了整晚的时间囫囵吞枣地读完了它，这个故事“照亮了”她的梦幻世界。

> 通过我的讲述，孩子们了解了瑞德与斯嘉丽、艾希礼与梅兰妮之间一波三折的爱情。那真是个神奇的时刻，我们逃离了血腥的真实世界，来到了洋溢着热情的文明世界。孩子们的脸上焕发出活力的光芒。
>
> 突如其来的敲门声把我们从梦幻世界中惊醒了。孩子们悄悄地离开了，一个浅绿色眼睛的女孩眼中含着泪，回头冲我微笑：“谢谢您带我们旅行到另一个世界。下次我们还能听故事吗？”我一口答应下来，虽然我也不确定会不会再有机会。

秘密学校的孩子只有几个在大屠杀中幸存下来。浅绿眼睛的女孩也是其中一个。“有时候梦境比现实能给予人更多力量，”费金认为，“读一本书，爱上一个故事，人类才得以延续。”

✸ ✸ ✸

专制政府通常会剥夺公民获得书本和信息的权利。西班牙统治下的古巴就是如此，当局明令禁止卷烟厂的工人举行听书会。华沙犹太人区的费金有同样的遭遇。读书能培养独立思维能力，但在文化由专制政府把控的社会，独立思维不仅不受欢迎，还很危险。

无论是哪个地方的年轻人，都有权利知晓真相。他们有权利自由地取用人类历史与文化的馈赠。

朗读让这一切成为可能。

Chapter 7

第七章

朗读让孩子更有思想

年幼的孩童，

尤其是美丽的女孩，

对危险一无所知，

千万不要跟陌生人说话。

要是这么简单的忠告都不听，

最后一定会被大灰狼吃掉。

——夏尔·佩罗《鹅妈妈的故事》

“我们几乎从没拿出来过，它太不结实了。”纽约摩根图书馆馆长克里斯汀·尼尔森说。我坐在尼尔森对面，只见她取出一只深蓝色的小匣子，打开盖子。里面放着一本红色皮革封面的小册子，黄金压花装饰，有着皮革特有的光泽，这是现存的夏尔·佩罗童话故事集的最早版本。夏尔·佩罗在1695年创作了这部美妙的童话故事集，并把它送给十来岁的外甥女路易十四作为礼物，他称呼外甥女为“小姐”。

尼尔森翻开卷首的插图，多么精致吸引人的插画啊：一位长相平常的女人坐在火堆前，戴着亚麻头巾，衣着土里土气，手里拿着羊毛纺锤。她似乎在给三个衣着华丽的年轻人讲故事，有个年轻人急不可耐地探过身去，碰到了女人的膝盖。胖乎乎的小猫咪蜷缩在火堆旁，好像也在听故事。纺锤架后面的木门上写着：“鹅妈妈的故事”。

《鹅妈妈的故事》！三百多年前，一只手小心翼翼地（很可能是佩罗的儿子皮埃尔）拿起钢笔，蘸上墨水，用漂亮的手写体写下了世界上

第一本童话故事合集。现在这些纸张已经变得脆弱不堪，岁月也在上面留下了斑斑点点的痕迹。

我坐在现代化的办公大厦中，窗外麦迪逊大道上车来车往，有那么一瞬间我觉得眼前的这本书似乎变成了传送门，就好像《纳尼亚传奇》中的魔橱或者霍格沃茨的魔钥匙一样，能把我带回到过去。我满脑子想的都是如果碰了这本书，也许我就能到一个有着丝绸和魔镜的神奇所在，那儿还有位满脸笑意的姑娘，要是能在合适的时机眨眨眼睛或者歪歪头，或许我还能继续深入，把里面的故事都游历一遍。这不过是我在异想天开，但佩罗所收集整理的童话故事在今天产生了如此广泛的文化共鸣，以至于看到这本册子时，我感到喜不自胜，头晕目眩。

夏尔·佩罗被誉为童话文学传统的开山之人，不过这些故事并不是他写的。它们经由悠远的历史长河，借着一代又一代人的口耳相传，到了佩罗这里，他把它们记录下来，用文字载着它们走向未来。几个世纪以来，佩罗和世界各地的童话故事收集者和民俗学家——比如硕果颇丰的多尔诺瓦夫人（Marie-Catherine d'Aulnoy）、格林兄弟、安德鲁·朗格（Andrew Lang）、莫尔特克·莫（Moltke Moe）、小泉八云、查尔斯·切斯诺特（Charles Chesnutt）、杜·波伊斯（W. E. B. Du Bois）等——努力使大量"口耳相传的大众网络"中流传的故事得以保存下来。没有他们的付出，人类或许不会有如此丰富的故事、歌谣与动人的传说，即便在数字化时代，它们仍然在影响着我们。

我正思绪万千，这时克里斯汀·尼尔森翻到了下一页，这一页讲述的是小红帽的故事，这个童话非常古老，有学者认为其中的某些元素可以追溯到古典希腊时期，甚至能在其中找到古希腊神话中泰坦众神之王、吞食子女的克洛诺斯的影子。布鲁诺·贝托赫姆（Bruno

Bettelheim）认为，至少从 11 世纪开始，小红帽的故事就在法国民间广为流传：那个时期的人们用拉丁语记载了一个相似的故事——一个穿红色外套（或戴红帽子）的小女孩和狼群生活在一起。

在摩根图书馆保存的这本书中，佩罗在讲述小红帽的故事之前先配了一幅美妙绝伦的插画。画中一位卧床的女人直起身，好像在跟一跃而起的大狗打招呼。大狗的前爪搭在猩红色的床单上，后腿则被金黄色的斗篷给挡住了。当然，它不是狗，而是一只居心险恶的狼：插画师惟妙惟肖地描绘出了外婆马上要被吞掉的那一刻的场景。

俊秀的法语手写体为读者讲述了这个大家耳熟能详的故事。故事接近尾声时，作者在那段大家耳熟能详的对话旁边加了个星号——“为什么你的牙齿那么尖！”“那是为了吃掉你！”作者还在书页的空白处写了几行小字以指导读者阅读：“这两句话一定要大声读出来，孩子才会感到恐惧，害怕大灰狼会吃了自己。”由此可见，佩罗写下这本故事集的初衷并不是为了自娱自乐。他希望外甥女能大声朗读其中的故事。

* * *

“想要孩子聪明，给他讲故事；想要孩子更聪明，给他讲更多故事。”爱因斯坦说过。这句话究竟是否出自这位人类最伟大的理论物理学家之口，我并不清楚，我也不能保证讲故事就一定能提高孩子的智商，但可以肯定的是，那些包含了冒险、惊悚、忠诚与回报等多种元素的不可思议的故事的确能让人血脉贲张，心跳加速。C. S. 刘易斯认为，在他笔下的奇境中游历一番能激起儿童“对于未知事物的渴望。孩子会模糊地认识到，有些东西是他所无法企及的，这在激发他想象力的同时又让他感到困扰，故事能让真实的生活变得丰富而有趣，并赋予生活新的深度。

他不会因为在故事中遇到了魔法森林，就对真正的森林不屑一顾。相反，故事会让真实的森林也富于魔力”。

阅读的作用还有很多。通过阅读，儿童能在文学的天地中找到自己的位置，能理解童话以及其他经典故事。比如父母给孩子读《糖果屋》《渔夫与他的妻子》或者《穿靴子的猫》，不仅能让他们立足文学，还能把他们带到另外一个世界。所以说朗读故事等同于双重教育，用语言学家约翰·麦克沃特（John McWhorter）的话来说，它还能帮助孩子“获得一种眼界”。我们不是在灌输知识，而是春风化雨，让孩子们感悟艺术与文学。

通过朗读，他们的小脑袋中会留存下美好的形象、怪诞离奇的片段以及有用的常识。通过朗读，他们可以接触到性格各异的著名角色：阿里巴巴与四十大盗、小龙卡斯德、巫婆奶奶、山谷里的农夫、诺丁汉警长、绒布小兔子、喊“狼来了”的男孩、古希腊神话中的太阳神阿波罗与月亮女神阿特密丝、为克里特岛国王米诺斯建造迷宫的建筑师代达罗斯和他的儿子伊卡洛斯、《鬼妈妈》中的卡罗琳、老鼠德佩罗、逃家小兔、恶作剧之神洛基、蜘蛛神阿南西，还有戴帽子的猫，等等。

我们能给予儿童的东西本来就是属于他们的。书籍与艺术本质上是前人留给每一个孩子的宝贵遗产。孩子们从来到这个世界的那一刻起，就自然而然地拥有它们。儿歌童谣、童话故事、神话传说、诗歌绘画与雕塑、古典文学作品、近现代文学作品，无论是儿童读物还是成人读物——它们既属于年长博学之人，也属于年少无知的孩童。出生于多米尼克后来移民到美国的作家朱诺特·迪亚兹（Junot Diaz），回忆自己上小学时的经历：学校的图书管理员把他领到堆积如山的书籍前说：“架子上的这些书都是我的。”这句话如醍醐灌顶般，让迪亚兹精神为之一振，永生难忘。我认为每个孩子都应该明白这个道理。

但占有和真正地拥有是两码事。一个孩子与一个毕生研究古英语的学者同样接受了前人的馈赠——《贝奥武夫》。但是他必须先在故事中会一会贝奥武夫和怪兽格兰戴尔，才算真正拥有了这份馈赠。如果他的妈妈能在睡前给他读现代英语版的《贝奥武夫》(胆量得够大——这个故事非常残忍血腥)，那么他就完全拥有了这个故事。书中的角色、场景和语言会成为他内心的风景，故事的神秘色彩也会让他的人生体验更为崇高。

孩子听的故事越多，故事的种类和内容越是丰富，就越容易形成文学的自信。他们能在阅读过程中发现别的孩子发现不了的典故。听过《伊索寓言》或《拉封丹寓言》的孩子一下子就能反应过来"酸葡萄"的含义，知道为什么人们要拿蚂蚁（勤劳）与蚂蚱（懒惰）作对比。同理，听父母讲过《奥德赛》的孩子对于"海妖塞壬之歌"这个短语的含义有更全面的理解，而没听过的孩子只知道这个短语和警报有关[①]。

过去的故事和传说是现代观念与语言的基础，它是给予儿童的馈赠，帮助他们找到历史与今天的联系。人类的恻隐之心（the milk of human kindness），刺破手指的纺锤（the prick of the spindle），披着羊皮的狼（the wolf in sheep's clothing），酒红色的大海（the wine-darksea）：这些短语都是人类文学的灿烂遗产[②]。

"我们都来自过去，孩子们应该了解过去，了解生命是从过去延伸

---

① 在《奥德赛》中，海妖塞壬用自己的歌喉使得过往的水手倾听失神，航船触礁沉没。后来"siren"这个词延伸出"警报"的意思。

② 以上四个短语分别出自《麦克白》《睡美人》《披着羊皮的狼》《荷马史诗》，后成为英语中的常用短语。

至今的错综复杂的人性总和，生命绝不是从襁褓到棺材的单趟旅行。”作家兼记者拉塞尔·贝克（Russel Baker）在他文采斐然的回忆录《成长》中写道。

如果孩子每天都能从现实生活中抽离片刻，他们的视野将会更加开阔。只要留出一个小时的时间给孩子讲过去的故事（虚构或非虚构均可），就能产生奇妙的效果。名人传记图画书能让他们认识许多历史人物：约瑟芬·贝克（Josophine Baker）、阿梅莉亚·埃尔哈特（Amelia Earhart）、凯撒大帝、马可·波罗、马丁·路德·金、莫扎特、巴顿将军、沙卡·祖鲁（Shaka Zulu）、波卡洪塔斯（Pocahontas）、弗里达（Frida Kahlo）、爱德华·霍普（Edward Hopper）、威廉·沙克尔顿（Willian Shackleton）、阿伟龙的野蛮人以及英国都铎王朝的君主们。

运气好的话，我们的孩子会发现过去世世代代的人类是如此富有生命力，聪明睿智，充满希望，他们的行为受到相同的欲望与冲动的驱使，而我们对它始终一知半解；那些死去的魂灵有好有坏，也有不好不坏的，正如今天活着的人。出于各种各样的原因，他们写下故事与歌谣，修建道路与桥梁，发明创造，争长论短，奉献牺牲。难道说我们不应该感谢他们吗？没有他们，我们就不会有今天。

年少的孩子会模糊地以为事件所发生的时间就是自己所想象的时间。我小时候知道肯尼迪总统于 1963 年被刺身亡。但我当时以为这桩惨案大概跟南北战争结束是同一个年代的历史事件。小孩子对年代通常没有什么概念。几年后我才明白肯尼迪是在我出生前 6 个月遇刺的，当我呱呱坠地时，整个美国仍然沉浸在悲痛与震惊之中。

年少的孩子从来都自以为是。他们以为自己充满元气和活力，有观点、有见识。他们以为从来没人能像自己这样热烈地关注，强烈地感受，清晰地洞察真理。他们期待自己的未来独一无二，高贵而有意义。他们或许并不知道自己的知识是前人的功劳，而他们正站在前人的肩膀上。大声朗读过去的文学作品——其实所有的文学作品都得益于过去——并传承艺术的传统时，我们实际上不仅仅在用故事和图画给孩子们带来快乐，我们也在教导他们要有谦卑之心，温柔地纠正傲慢自大对年轻人的诱惑。

✵ ✵ ✵

爱尔兰诗人、凯尔特神秘主义者约翰·奥多诺（John O'Donohue）说过:“传统之于社会，如同记忆之于个体，如果一个人失去了记忆，那么他早上醒来后就不知道自己在哪儿，不知道自己是谁，也不知道自己的立场。丧失传统也是一样的道理。”

奥多诺说的是什么传统？这得视情况而定。文化素养是非常复杂的概念，在不同时代、不同地点，它的含义也不同。现在美国儿童的非正式教育通常是从儿歌童谣入手。许多著名儿歌童谣的源头可以追溯到几个世纪以前的不列颠群岛，主题往往阴森可怖，颇有争议。它们为何能如此源远流长，其原因令人费解——谁是所罗门·格兰迪[①]，他与我何干？——可是它们确实重要，因为它们是重要的文化标志，而且无处不在。

我们再以深受儿童喜爱的《晚安，月亮》为例，这本书涉及许多文化背景知识。你或许还记得绿色大房间的墙上挂的画，画里有“三只小熊坐在椅子上”，实际上这取材于《小女孩与三只小熊的故事》，还有

---

① 所罗门·格兰迪的名字出自英国民间童谣集《鹅妈妈童谣》中的一首恐怖童谣:“所罗门·格兰迪，星期一落地，星期二受洗，星期三娶妻，星期四染疾，星期五病重，星期六逝去，星期日入地，所罗门·格兰迪，这一辈子走到底。”

“一只正在跳过月亮的母牛”，暗指的是儿歌《鹅妈妈童谣》中的《母牛跳月亮》。

我们可以从两个不同的角度来看待其中的文化知识。看过《晚安，月亮》却没有听过《母牛跳月亮》的孩子或许日后读到《鹅妈妈童谣》时心里会想，我似乎在哪里看过跳月亮的母牛？可是如果他只看了《晚安，月亮》，后来并未接触儿歌《母牛跳月亮》，那么联系会就此中断，无法激起更深刻的共鸣。而先读过儿歌后接触《晚安，月亮》的孩子则会对绿色大房间里的小兔子产生更稳固的认同感：嘿，这只小兔子知道的故事和儿歌我也知道！

故事与儿歌中所传达出的文化信息互为补充，互为强化，并且随着词汇量的增加，孩子知道得越多，能抓取的信息就越多。

孩子们喜欢朗朗上口的儿歌，它们很有节奏感和韵律感。他们或许并不在意儿歌的具体角色和内容，但多数儿童都无法抗拒轻快灵动的儿歌的魅力。（我依稀记得小时候妈妈给我唱《骑着小马去班伯里岔路口》，妈妈握着我的手，让我坐在她腿上，跟着儿歌有节奏地拍打。唱到关键处“骑在一匹白马上，走起路来叮当响”时，妈妈就会假装要把我摔下去，然后我就吓得惊声尖叫。妈妈也曾给我的女儿茉莉唱过这首儿歌，当时我看到那一幕，记忆就像潮水般涌来，我想茉莉有一天也会给她的孩子唱这首歌吧。）

唱起来生动有趣，又包含丰富的文化信息，因此儿歌是学习语言的最好切入口。神经生物学家玛丽安·沃尔夫等专家认为，婴幼儿接触传统歌谣有助于提高他们对音素的敏感度，音素即一门语言中最小的语音单位。她在《普鲁斯特与鱿鱼》中指出，“像《滴答滴答滴》这样的儿歌中隐藏了许多潜在的、有助于提高音素敏感度的因素——头韵、类韵、尾韵和重复。头韵和尾韵会让孩子知道，如果两个（或以上）单词的第一个音或最后一个音相同的话，那么这些单词听起来会非常相像”。

作家、插画家，同时也是亲子朗读推广者的梅·福克斯对这一观点表示赞同。“孩子们从滑稽可笑、节奏欢快的儿歌中能获得真正的乐趣，”她在《阅读的魔力》中写道，“孩子接触了大量朗朗上口的儿歌后，会积累下数量可观的文化信息与语言信息：词汇、短语、句子结构与语法，这有助于下一步的阅读。”

所以我们应该从儿歌入手，反复朗读——也可以即兴改调子或者再朗读一下同一首儿歌的法语版或西班牙语版，这样可以增添乐趣——然后再过渡到民间故事与童话。

童话是如此不可思议，它能激起强烈的共鸣，并能衍生出许多故事。不同版本的童话以及在童话基础上再次想象创作出的故事，还有学者对童话的各种解读，多到足以塞满整个黑森林——或者撒哈拉沙漠，在世界的各个角落，我们都能发现童话的踪迹。以《美女与野兽》为例，这个童话的核心内容是美丽的女子与魅力非凡的野兽（或动物）经历种种考验，最后终成眷属。我们在祖鲁文化与美洲土著文化中也能找到类似的故事，在玻利维亚、缅甸、伊朗、印度、俄罗斯、日本、加纳等地同样也发现了相似的故事。

为什么这些故事能像儿歌一样经久不衰，其意义又何在呢？其中的奥秘要部分归功于古代文学艺术作品的独特魅力。它们把我们吓得毛骨悚然，却又能让我们乐在其中；往往出其不意，让人啧啧称奇。

除此之外，童话也能赋予孩子哲学与生活的智慧，宗教学教授维根·古罗安这么认为。《小红帽》的道德教化意味是显而易见的，比如在佩罗版本的《小红帽》中，隐晦的性暗示带有一丝不祥的色彩，近似于警告。大灰狼一口吞掉外婆后躺到床上，这时小红帽进门了，大灰狼让她脱掉衣服也躺下来。小红帽听从了它的吩咐——结果毁了自己。佩罗生怕读者没看懂，于是在故事的后半部分直截了当地进行道德的训诫：

> 请一定要记住这条忠告：
> 不是所有的狼都用四条腿走路。
> 表面光鲜的人，
> 本性可能残忍。
> 看似温文尔雅惹人爱，
> 结果是个大祸害。

《小红帽》的谆谆告诫不禁让人联想到一代又一代的家长，他们总是会警告孩子："小心！千万不要跟油嘴滑舌的陌生人说话！"

布鲁诺·贝托赫姆在《魔力的运用》中指出，孩子能从童话中获得人类千百年来源远流长的智慧，"童话中蕴含着人类在漫长的岁月中形成的深邃的洞察力，也只有童话能简单直接地把灿烂的遗产传递给孩子们"。

通过童话，孩子们可以来到乡间的小木屋，富丽堂皇的城堡，穿越幽暗的黑森林，与英雄、地精、巨人、食人族、会说话的动物、能让人美梦成真的仙女、女巫、大灰狼、身携利器的猎人来一次亲密接触——贝托赫姆认为，对于孩子来说，这"是无与伦比的经历，因为他们感到自己内心深处的情感——比如希望与恐慌有了出口，得到了理解。没有童话，这些情感只能交由残酷的理性消化处理，但儿童并不像成年人那样理性。童话让儿童的生命变得更有厚度，而且如同魔法般影响着儿童，因为他们并不知道故事能产生这样神奇的效果”。

民间传说与童话亦是如此。俄耳甫斯、阿里阿德涅与米诺陶洛斯比童话故事里平板的角色更接近人。通过他们内心的挣扎与进退两难的困境，孩子们可以对人生与人性的方方面面形成模糊的认识。古希腊、古凯尔特、古波斯、古罗马或维京人的神话传说所传递出的感性、感情、理性与知识，能帮助孩子打下稳固的能力基础。孩子听这些故事就好似经历了情感的波折起伏，同时也能汲取重要的文化信息。

一旦开了个好头，孩子就会不停地获取。语言、故事与图画共同搭建了想象力的支架。随着接触到的图像与故事越来越丰富，支架也会越来越结实和稳固。最终它将成为一个人内在的虚拟图书馆，里面塞满了奇特有趣的知识。

✸ ✸ ✸

1943 年，安托万·德·圣·埃克苏佩里薄薄的童话寓言《小王子》出版了，有位书评人非常有先见之明，对这本书大加褒扬。他称赞道，这本书“如同一缕微光，斜洒在孩子们身上。它会在某一处触动孩子，经过时间的酝酿，待孩子明白之后，那一处一定会大放异彩”。这位书评人名叫特拉弗斯（P. L. Travers），《欢乐满人间》的作者，对象征主义与潜意识情感颇有见地。

从某些方面来看，特拉弗斯所描述的现象正是优秀儿童文学作品长久深刻的魔力。成年人在回顾自己孩童时期钟爱的作品时，仍然能记得对自己来说有特殊意义的插画或（部分）故事，虽然当时听故事时紧张迫切的心情已经模糊了。为什么我们会有选择地记忆呢？这是个谜。罗伯特·劳森曾说过，“没人知道为什么有些小细节、小插画或者看起来平淡无奇的短语能够点燃孩子脑袋中的星星之火，这些火花会一直熠熠生辉，直到他们停止呼吸。”

确实如此。我们不知道什么时候火花能迸出，但我们可以通过有目的的选择、大胆的尝试、精心的准备，让星星之火变成燎原之火。

* * *

以前的孩子要到高中才有机会接触经典成人文学著作与绘画名作，而现在托儿所的孩子们就能认真思考并以不同的方式吸收这些名家名作的营养，这要归功于价格亲民的纸板书。詹妮弗·亚当（Jennifer Adam）的儿童版文学名著由艾莉森·奥利弗（Alison Oliver）配图，以名著角色为依托，教孩子认识颜色、分类等。而赫曼·王（Holman Wang）与杰克·王（Jack Wang）的舒心读经典系列则更贴近原著故事，对《战争与和平》《汤姆·索亚历险记》《悲惨世界》等小说进行了大幅压缩，插图配的是不同场景的照片，场景中的人物并非手绘，而是用软质雕像代替。创作这些书的初衷是希望孩子对传世名作能形成一种温暖熟悉的正面情感，这样，等到大一些时，他们才会乐意去读大部头的原著。

杰克·王在位于纽约上州的伊萨卡学院教授英文，于是我跟他约好在附近的咖啡店见面。“我觉得文学名著现在过于阳春白雪，”他说，“它们只出现在过度研究的论文中，人们自然会在心里打退堂鼓。名著首先是能给人带来乐趣的故事，对吗？可是现在大家都畏首畏尾，不敢读名著。真正让人欲罢不能的故事才会经久不衰，因为作者的叙事手法非常高超。”

在舒心读经典系列中，编者将名著中高超的叙事进行了大幅压缩。以赫尔曼·梅尔维尔的《白鲸》为例，两兄弟改编后的内容是：水手、船、船长、腿、疯狂、起锚、发现、白鲸、追捕、触礁、沉船、漂流。他们删减了很多——准确地说是 206040 个单词——不过保留了故事梗概和大致情节，只是未能体现出梅尔维尔幽默的文风。

“这些故事属于每一个人，我觉得这才是关键。它们不仅仅是西方的经典，本质上人人都应该有一种所有权意识，因为是人类创造的伟大故事。我希望我的孩子能走近这些经典，因为这是人类文化的传承。”

✵ ✵ ✵

文化不仅仅包括艺术与文学，也包括观念、态度与习俗。我们在讲解故事与图片时所说的话，所强调的东西以及所忽略的内容，都在向孩子传递着我们的世界观。2015 年，纽约大学的科学家们通过一本无字绘本书发现，在亲子阅读的过程中，家长以不同的方式传递出了不同的文化传统。科学家们把三组不同族裔的美国妈妈（多米尼克裔、墨西哥裔、非裔）给孩子讲梅瑟·麦尔（Mercer Mayer）的《小青蛙去哪儿了》的过程分别录像，然后将他们与白人、拉丁裔及华裔美国妈妈做对比，研究人员发现，背景不同，家长的侧重点也不同。

“我们观察到这些妈妈会构建不同的解读方法，这些解读与他们的期待以及他们所侧重的学习内容相一致，”凯瑟琳·塔米斯－勒蒙达告诉我，“华裔妈妈讲故事时倾向于道德说教，强调社会规则，告诉孩子该做什么，不该做什么。他们会说，‘看，那个男孩居然碰了蜂巢！他不该那么做。蜜蜂会飞出来蛰他的，你可千万别这么做！’他们把故事当作强化规则与义务的手段。而拉丁裔妈妈则会更多地谈论情感和感受。非裔妈妈侧重强调目标，比如故事里的小男孩面对困难也不放弃，最终找到了青蛙，他们看重个体的锲而不舍与努力。”

套用约翰·邓恩的诗，没有一个孩子是一座孤岛。孩子是每个家庭的孩子。他们是人类这棵大树上最年轻的叶脉，在聆听人类共有的想象力所凝聚成的经典之作的同时，了解父母和祖父母的价值观，这是件美好的事情。

当代文化躁动而喧嚣，占据了多数儿童的生活。电子媒体不断想让孩子跟上时代的变化。如果父母能和孩子共同阅读长久以来一直受到人们喜爱的经典作品，通过故事为他们勾勒出世界的模样，他们就会明白，美国公共电视台儿童频道的节目或 Instagram 远不如这些经典震撼人心。

✶ ✶ ✶

“事物的图像会刻在我们的脑海里。”文艺复兴时期的古典人文主义者莱昂·巴蒂斯塔·阿尔伯蒂（Leon Battista Alberti）写道。谁敢质疑这句话呢？每个人的心中都有一个图画资料的博物馆，里面汇集的是不经意间得到的藏品，我们所看的东西决定了我们能看到什么，而我们真正看到的——则会成为这个博物馆的一部分。

有一个方法能把艺术与图画展示给孩子们，让美好、神秘与惊奇浸润他们的心灵。最简单的就是和孩子一起阅读绘本。有些绘本围绕着家庭生活展开，让人感觉温馨幸福，比如在理查德·斯凯瑞的《兔子书》中，兔爸爸把兔宝宝们放到双层床上，给他们盖好被子。有些绘本则优雅华丽，比如沃特·克莱恩（Walter Crane）所画的华贵的公主与亚瑟·拉克汉姆（Arthur Rackham）所画的如梦似幻的怪物。从 19 世纪晚期到 20 世纪早期是插画艺术的黄金年代，标志着书本杂志的图形设计与插画艺术的复兴。这段时期涌现出许多杰出的艺术作品：凯特·格林纳威（Kate Greenaway）笔下优雅的乡村女孩，约翰·坦尼尔（John Tenniel）尖锐犀利的政治漫画，以及霍华德·派尔（Howard Pyle）、杰西·威尔科克斯·史密斯（Jessie Wellcox Smith）和N. C. 怀斯（N. C. Wyeth）丰富、写实的画作，他们为《金银岛》中冷酷无情的海盗所绘的肖像，对于这本书的拥趸而言，永远是作者罗伯特·路易斯·史蒂文森所描述的“冒险家”的化身。

20世纪中期尚留有黄金时代的余晖，众多杰出的艺术家把自己的才华投入到儿童书籍的创作中：埃洛伊塞·威尔金（Eloise Wilkin）所绘的脸蛋圆乎乎的天真小儿；伽斯·威廉姆斯（Garth Williams）是炭画大师，他的作品能温柔地唤起读者内心的情感；古斯塔夫·腾格伦（Gustaf Tenngren）狂野随意的线条与大胆的配色让《骨瘦如柴的黄狮子》活了过来。那也是无与伦比的玛格丽特·怀兹·布朗的巅峰时期，她不仅仅是个插画家，还鼓励克雷门·赫德将色彩饱和的图画运用到儿童文学作品中，并与以明艳的色块为特点的里昂纳多·怀斯嘉德（Leonard Weisgard）合作。

我之所以提及这些插画家，是因为尽管公认的黄金时代已经成了过去，但他们的作品仍然陪伴着我们。我们和孩子是幸运的：既能接触过去最优秀的作品，也能拥有当今最优秀的作品。可以说我们正享受着一个新的黄金时代，一个继承了前人智慧、百花齐放的时代，涌现出一大批优秀插画家的时代，比如奇思妙想的昆廷·布莱克、马修·科德尔（Matthew Cordell）、劳伦·查尔德（Lauren Child），才华横溢的克里斯·范·奥斯伯格（Chris Van Allsburg）、乔恩·克拉森，用色鲜明的克里斯蒂安·罗宾逊（Christian Robinson）、安·卡斯蒂洛（Ana Castillo）和劳尔·科隆（Raúl Colón），线条细致入微的艾琳·丝蒂特（Erin

Stead）、布莱恩・弗洛卡（Brian Floca）、芭芭拉・麦克林托克（Barbara McClintock），还有以清新的水彩画著称的苏西・李（Suzy Lee）、杰里・平克尼（Jerry Pinkney）、克里斯・拉西卡（Chris Raschka）、苏美璐等。

英语中有句谚语，"美在观者眼中"，实际上观者可以被哄骗，被教导，被说服。在纽约大学的研究中，不同族裔的妈妈能够通过一本无字书来传递自己对文化的理解，同理，我们也能通过亲子阅读让孩子认识我们眼中的美。我们还可以告诉孩子，绘画与雕塑、诗歌与小说不仅属于成年人，它们并非遥不可及，也不用望而生畏，它们只是人类创造力的高级表现，同样也属于他们。

"与艺术建立联结很重要。如果孩子先在家中看到某幅画作，然后亲眼看到真迹，那么这幅画就属于他了。"作家兼艺术家艾米・古列尔莫说，她与朱莉・阿佩尔共同创作了系列纸板书《触摸艺术》。古列尔莫原来在幼儿园工作，课堂上会给孩子介绍很多艺术作品，有一天她带班级参观纽约现代艺术博物馆。本来一切都很顺利，但"有个孩子认出了毕加索的画作《三个乐师》，就用手碰了碰"，古列尔莫告诉我。

工作人员立即上前大声斥责——这是很不愉快的经历——不过孩子想亲密接触自己熟悉的画作的强烈欲望倒是启发了古列尔莫。于是她和阿佩尔创作了一系列以不同年代、不同风格的名家画作为原型的书，每一页、每一幅作品都嵌入了触觉元素。孩子们可以轻轻地抚摸丢勒画的兔子的皮毛，摆弄罗马尔・比尔登的画作《大公鸡的秋天》中桌布的边角，或者是拽拽德加画笔下芭蕾舞女的裙子。

各个年龄层的孩子都喜欢触摸艺术作品。不久前，我女儿菲比来到我办公室，在桌子上看到了《触摸艺术》系列中的《为蒙娜丽莎梳头》这本书。"我喜欢！"她喊道，然后像小时候一样，用手指帮蒙娜丽莎梳理头发，抚摸委拉斯开兹画作中用纱线做成的马儿尾巴，用金色橡皮筋给波提切利笔下的维纳斯扎小辫子，摆弄摆弄弗朗斯·哈尔斯画作中一个歪戴着帽子的潇洒男子衣领上光彩夺目的蕾丝。

“你还想跟他结婚吗？”菲比问我，脸上露出一丝坏笑，十几岁的孩子就是记性好，脑筋转得快。（几年前我向她吐露过我很爱慕哈尔斯画的微笑骑士。）未等我回答，她便继续往下翻，手指摩挲着扬·凡·艾克的《阿尔诺芬尼夫妇像》中新郎斗篷上的皮毛，接着拿起皮耶罗·德拉·弗朗西斯创作的双人画像中公爵费德里克·达·蒙特费罗之妻巴蒂斯塔·斯福尔扎的钻石项链，碰了碰维米尔画作中少女脖子上的珍珠项链，又开始在乔治·德·拉图尔的《玩牌的作弊者》的弹出窗口中寻找方块A。她对最后一幅画——拉斐尔的《西斯廷圣母》倒是没多大兴趣，因为画中两个小天使原本毛茸茸的紫红色翅膀已经被摸得光秃秃了。

培根有句名言:“有些书只需浅尝辄止，有些书该囫囵吞食，还有少数书则当细嚼慢咽。”他的意思是说书究竟应该怎么读，取决于书本内容的好坏。不过或许我们应该为孩子创作出大量经久耐用的艺术书籍，因为他们喜欢细嚼慢咽。

✵ ✵ ✵

绘本是了解艺术与插画的最好切入点，同时也能帮助孩子拓宽美学视野，这也是儿童艺术史类书籍的明确宗旨，这类书籍通常从史前人类的洞穴画开始讲起，以当代抽象表现主义告终，比如克莱尔·德哈考特（Claire d’Harcourt）的《近距离艺术》、露西·麦克施维特（Lucy Micklethwait）的《儿童艺术书：名家画作中的入门词汇》。但给孩子读的书不一定非得和艺术有关，也不必非得灌输艺术品位。孩子们可以通过故事书学会欣赏不同风格的艺术、不同的传统，而且这是一个放松且水到渠成的过程。任何人读过陈江洪的绘本，比如《小鹰》《神马》，都会被中国国画的色彩与飘逸的画法所深深吸引。而戴安·斯坦利的《财富》、黛米（Demi）的《一粒米》（我的孩子特别喜欢）、瓦法·塔诺斯卡（Wafa Tarnowska）改写尼尔什·密斯瑞（Nilesh Mistry）绘画的《七个聪明的公主》则展现了莫卧儿王朝与波斯帝国华丽精美的艺术风格。澳大利亚原住民艺术中的浓墨重彩和粗线条则是布朗温·班克罗夫特（Bronwyn Bancroft）绘本的特点，比如《袋鼠与鳄鱼：澳大利亚动物大书》。

我认为讲故事的过程中不应该有说教或命令——“你得看看这些画才会喜欢”——应该和声细语地引导孩子接触、熟悉，要多多鼓励孩子。莫里斯·桑达克的绘本《在那边》画风奇特，富有活力，孩子在认真端详画里胖乎乎的婴孩、月光下的山洞时，并没有意识到自己已经从德国浪漫主义风格中汲取了养分——影响是潜移默化的。同理，孩子在保罗·泽林斯基（Paul O. Zelinsky）所绘的《长发公主》与《侏儒怪》中自由探索时，实际上接触到的是意大利文艺复兴时期赭石色的风景与古典的室内装饰。

我和泽林斯基聊过他的作品。他读大学时开始迷上文艺复兴时期的艺术，他告诉我，“《长发公主》明确地告诉孩子们，我为什么对那个时期那么着迷。我会临摹文艺复兴时期作品里的人物姿态，然后直接用到绘本中。《长发公主》的封面就是受了伦勃朗的影响。我心里会想：这算不算剽窃？这么做的目的是什么？”

泽林斯基的灵感来自过去，这个问题的答案同样要到历史中去找。

“文艺复兴时期的画家就是这么做的，”他说，“不可能每样东西都是原创的。事实恰恰相反。人物的姿势都要参照其他画作。上过学的人都知道那个时期人们发现了什么。”他讲道，他是说当时大量古希腊、古罗马文化典籍从东罗马帝国传到了意大利，促进了古典文化的复兴。正如童话与儿歌一样，每种文化形式都可以在前人的基础上更进一步。

“一个人接触的东西决定了他的样子，”泽林斯基说，“假如一个人在儿童时期有着丰富的视觉体验，他的观察力、思维能力与感知能力怎么可能不受到积极的影响呢？”

* * *

插画家大卫·威斯纳（David Wiesner）创作了很多无字绘本书，比如《华夫先生！》《海底的秘密》《马克斯与艺术》等，小时候一次在当地图书馆钻研艺术书籍的经历点燃了他心中的艺术火花。他当时被书中文艺复兴时期细腻的画作给吸引住了，“看看蒙娜丽莎身后的风景。”他在名为《大卫·威斯纳与无字故事的艺术》的回顾性访谈中如此说道。

> 我怀疑那是达芬奇想象出来的。有点像火星或者某个外星的景色——狭窄的小路、山崖，还有拱形的山坡，让人浮想联翩。
>
> 所以我也喜欢勃鲁盖尔的《雪中猎人》。撇开前景中的人物，视线沿着山坡往后延伸，你会看到远处的集镇，有人在劳作，有人在嬉戏，再往后一切都慢慢模糊起来。画家的意图很清晰。我小时候感觉就好像被牵引着走进了画中。画中蕴含了很多故事。

童年时期的经历会一直留有余温。作家兼编辑克里斯汀·罗森

（Christine Rosen）在佛罗里达一个福音教派家庭长大，她小时候在书中看到一个15世纪佛罗伦萨式盾徽上画着大卫砍下了巨人歌利亚的头，感到非常震惊，又很着迷。“这个故事我在圣经学校学过，所以很熟悉，”她告诉我，“歌利亚血淋淋的头就在大卫脚边，按理说大卫应该露出胜利的表情。可他并没有——他看起来惊魂未定。他用石头把可怕的巨人打倒在地就应该是这副表情！我至今还记得当时自己突然明白了画家的良苦用心。这幅画让我看到了这个早已烂熟于心的圣经故事——并深深触动了我。虽然它不是什么传世名作，也没多大名气，但我心中就是有了感应。”

我自己也有过类似的经历。我小时候住在纽约上州郊区，后来搬到了缅因州的乡下，那会儿特别喜欢海因里希·霍夫曼（Heinrich Hoffman）1945年创作的警示故事集《蓬蓬头彼得》，里面的插画高雅精美又有些阴郁，作者的初衷是为了嘲讽那个年代热衷于道德说教的人，不过我当时对故事中讲的道理深信不疑。我非常喜欢霍夫曼优美细腻的图画，滑稽可笑的内容，还有不听话的小孩的遭遇。我还有一本老勃鲁盖尔的图画书。我没事就琢磨书里画的农民，他们有时在热闹的婚礼上推杯换盏，不劳动时把镰刀放在麦垛下，寒冷的冬日里走过积雪的低地。这些画面我现在仍然记忆犹新，甚至比小时候记得还要清晰。这些图画好像为我打开了一扇门，研究它们，琢磨它们，改变了我眼中世界的样子。虽然画中的人物比较诡异，但它们确实让我知道了什么是美。

✱ ✱ ✱

历史学家珍·杜南（Jane Doonan）曾经提出过一个问题，“那些让人感到恐惧或快乐的内容，不也是让我们的大脑正常运转的内容吗？”

这个问题的核心就是图像对我们的影响非常巨大。“从图画中获得的感官愉悦在图像意义的形成中有着特别的作用。”

“图像意义”的形成并不需要很多时间，但是需要孩子能静下心来。要想帮助孩子最大限度地发展审美能力，让他们能敏锐地觉察，并仔细地探索自己在图画书的激发下所产生的种种想法与情感，我们必须给孩子提供一定的空间。大卫·威斯纳、克里斯汀·罗森、保罗·泽林斯基，还有我自己，都是在没有互联网的年代，幸运地与艺术和图像建立了个人联结。在数字化时代，找到机会让这样的蜕变发生更加困难。生活更忙碌，心绪也很难平静。不过人类能够欣赏美好而深邃的艺术的能力并没有改变，所以对于家长而言，费时费力为孩子寻找这样的机会是值得的。

我们需要花些时间才能真正看清楚摆在我们眼前的是什么。大人给孩子讲绘本时，经常会按照读文字的速度来翻页。现在的童书与 50 年前的相比要简洁得多，不那么啰唆随意，一本 32 页或 40 页的绘本，一个成年人可能几分钟就翻完了。

杜南的建议是父母应该认真阅读，“仔细观察”，这就是说我们得换成低速挡。“要想最大限度地挖掘和利用一幅画——打开所有感官，思索为什么看到这幅画时我们会有特别的感受——我们不仅仅要观察画作所表现出的东西，也要察觉自己的体验，并且要弄清楚为什么。”杜南在和乔纳森·考特讨论莫里斯·桑达克所说的“根本的灵视”时说道，彼时考特正在写一本关于莫里斯·桑达克的书《那里有个秘密》。“知道的越多，发现的就越多，所达成的意义便越多。”

杜南是专业人士，对艺术及艺术丰富的表现方式有颇深的造诣，不过她所提倡的仔细观察法对于业余爱好者同样适用，这里我指的是那些想帮助孩子学会更深层次地欣赏图画书中插画艺术的父母们。

杜南在艺术入门读物《图画书中的插画艺术》中写道，“要想理解插画，前提是要留心眼睛所看到的一切内容。图画的特点怎样表现了艺术家的风格，绘画材料的选择与构图，如何表现以达到一定的效果，这些信息或许并不明显。如果大人能说明并告诉孩子线条、形状及颜色为何能够体现出不同的想法与情感，他们就可以超越字面意义的维度。他们通过图画与画家达成了一种合作。”

那么“留心眼睛所看到的一切内容”具体该怎么理解呢？比如观察线条是直的还是弯的；色彩的浓淡，色彩是否丰富；这幅画的视角如何（俯视、仰视还是从角落里窥视？）。图画中有哪些突出的形状和部分？人和事物的线条是柔和的还是突兀的？这些特点都能影响我们对图画的感受，进而影响我们赋予图画的意义。

仔细观察并给自己和孩子提出诸多问题其实是个很有趣的、开放性的尝试过程。艺术史学家与杰出艺术家的观点固然睿智，但家长应更注重孩子的探索。这不是考试，也没有老师会给孩子的答案打分。父母和孩子只需一头扎进美丽的图画中，用心察觉自己的感受与想法，并畅谈一番。

* * *

和孩子一起欣赏以前艺术家富有创造力的作品时——无论是故事书、小说、油画还是插画，偶尔也会碰到令人惊骇或不悦的作品。这无可厚非。在 21 世纪初，人们在重新审视了社会、历史及艺术之后，视角发生了重大改变。尤其是在童书领域，很多人认为应该大幅度拓宽童书与童书作者的覆盖范围，以将人类广泛的经验呈现给孩子们。虽然这种看法很普遍，也值得称赞，但对于那些与新的社会、历史及艺术视角不相吻合的书籍，人们却越来越不屑一顾。人们越来越倾向于用当今的视角、当今的禁忌来评判过去的东西——然后发现过去的人有诸多不足不当之处。我们认定自己这代人要民主开明得多。

一部描写密西西比河上浪荡子的传奇，一部刻画美国拓荒者的虚构的回忆录，一部“聪明富有、彬彬有礼却又冷酷残忍的先民”的冒险史：对于现在的孩子而言，许多经典之作中的观点都很落伍。作品所体现出的作者对宗教、种族、肤色，尤其是对性别的看法与当今视角相去甚远，甚至相矛盾。

这对于小说而言是个短期问题，但对于文化而言则是个长期问题。杰克·王与赫曼·王俩兄弟最开始策划适合婴幼儿的《舒心读经典》系列时，有位杞人忧天的出版商断然提出反对意见：“我认为这套书里不应该包括《傲慢与偏见》，因为‘偏见’这个词不适合童书，你们如果真想做的话，应该把书名改一下。”杰克·王跟我讲这段小插曲时啼笑皆非。“他难道不懂吗？这本书深受人们的喜爱。我才不会随随便便改书名呢！”《傲慢与偏见》是简·奥斯汀的代表作，这位出版商居然要改书名，可见当今这个时代是多么地讲求政治正确，谈虎色变。

早在人类进入数字化时代之前，有位叫沃尔特·埃德蒙兹（Walter Edmonds）的美国作家为青年人写了部历史小说并且还获了奖。在颁奖仪式上，埃德蒙兹是这么说的，“现在是很重要，但要不了 12 个钟头，今天就会成为昨天，而十几个钟头前无法预料的明天就是今天。或许你会为现在感到烦恼焦虑，但在无垠的时间长河面前，那不过是一眨眼的工夫。过去和活着的我们一样鲜活。”我觉得这段话很适合当今的时代。

人类的文化深邃而富有活力，处于不断变化中，如同玛丽亚·塔塔尔所编写的童话一样深不可测，又像萨尔曼·鲁西迪所说的流动的锦缎一样复杂多变。因此历史的倒置势必会出现。女诗人萨福、约翰·德莱顿（John Dryden）、安徒生、露西·莫德·蒙哥马利（Lucy Maud Montgomery），甚至E. B. 怀特所生活的年代跟现在都大不相同，人们的生活方式与思维方式也改变了许多，多数是变得更好了。但我们仍然不够睿智，不能从历史的角度来看待过去的人，也未意识到我们只不过恰巧出生在对的年代而已。

✵ ✵ ✵

实际上在我们这代人之前，对前人作品挑三拣四的现象就已存在。19世纪早期，在说英语的家庭中，大声朗读是个很时髦的消遣，有个叫托马斯·鲍德勒的男子认为，莎士比亚的作品如果不经删减的话，不适合家庭阅读。于是鲍德勒删改了自认为粗俗的语句，他的荒唐行为正是英语单词“bowdlerize”的由来，意思是“删改书中有伤风化的部分”。莎士比亚在16世纪写下的作品固然文采斐然，但在鲍德勒看来却因为某些因素而有碍观瞻，在今天看或许就是“大问题”。因此他把所有关于妓院的内容和不雅的双关语都删除了，还把有关天主教的内容也给删改了，因为它可能冒犯到信仰英国国教的读者。删改净化后的莎翁作品标题长得令人忍俊不禁:《家庭版莎士比亚戏剧集，未添加任何内容，但删除了部分词句，因其不适合家庭朗读》。

我们现在会觉得鲍德勒的行为既愚蠢又妄自尊大，但他的初衷是好的。他希望孩子娇嫩的耳朵不要受到伤害。2011年芝加哥一家小出版商的做法跟鲍德勒的大同小异，他们出版了删减版的《汤姆·索亚历险记》与《哈克贝利·费恩历险记》，这两部小说的作者都是马克·吐温。

值得称道的是，美国图书馆协会对其删改原著，让读者感到极为不适的做法进行了谴责。“马克·吐温在书中有意用了‘黑鬼’这个词恰恰是因为他痛恨种族主义和奴隶制，”美国图书馆协会知识自由办公室主任表示，“孩子们应该有机会仔细、完整地阅读这本书，理解并提问为什么马克·吐温使用了这个词，然后让老师、家长和图书馆员回答他们的问题。”

说得太对了——我们不妨再进一步。我们很容易就会原谅马克·吐温，因为我们知道他的立场是对的。比较困难的是那些不够开化或顽固不化的作者，他们所塑造的角色让读者无法接受他们的思想。

作家劳拉·米勒在其文学回忆录《魔法师之书》中就阐述了读者的困境：“既然已经看到了作者的黑暗面，如何还能兴致勃勃地读他的书并发现其价值呢？”

米勒写道：“偏见令人反感，但如果因为书中包含了一点恶劣的想法就将伟大的作品束之高阁，那我们还有什么书可读呢——只剩下完全政治正确的当代作品。弗吉尼亚·沃尔夫是个势利眼，而弥尔顿是不折不扣的大男子主义者，这都是板上钉钉的事实。”

约瑟夫·鲁德亚德·吉卜林是他那个年代的殖民者——同时也是位杰出的冒险故事作家。劳拉·怀德的《草原上的小木屋》拥有无可取代的地位，因为它为读者展示了19世纪末西进运动中白人的生活与观念。但无可否认的是，她笔下的人物反映出她对有色人种的歧视，这让今天的读者们感到不适。书中母亲公开仇恨并惧怕印第安人，这让读者望而却步。父亲则更沉着冷静一些，对被白人所破坏的文化甚至表现出一丝尊重。在《草原小镇》中有个臭名昭著的场景，父亲和南达科他小镇上的其他白人把脸弄成黑色，像中世纪的游方艺人一样又唱又跳，镇上的其他人也都跟着纵情欢乐。

今天的孩子是否应该知道这么著名的书中出现过这样带有种族歧视的情节和观点呢？还是说我们应该把其中的问题场景和问题角色封存于历史中？

雷·道格拉斯·布拉德伯里在1953年出版的小说《华氏451》中就对世人发出警告，人类典籍危在旦夕。故事中的两大关键：禁书与焚书最能引发读者共鸣——但令人难以置信的是——布拉德伯里自己的出版商居然未经他同意，删减了该书新版本的内容。岁月推移，后来的读者对布拉德伯里的小说颇多不满，例如抱怨其中的大男子主义。

布拉德伯里在1979年再版的后记中对这种行径进行了毫不留情的抨击，“如果让少数人插手美学，那么这个疯狂的世界只会越来越疯狂，无论他们是矮子还是巨人，温和派还是激进派，是电脑技术的狂热支持者还是新勒德分子，是傻瓜还是智者”。

他继续写道：“焚毁书籍的方法有很多种，世界上到处都是手里举着燃烧的火柴棒不停奔跑的人。”40年前如此，现在亦如此。艺术与文学属于我们，但也同样属于上一代人和下一代人，这点我们必须铭记在心。维多利亚时代的人[①]无权闯入意大利乌菲齐美术馆给波提切利裸体的《维纳斯》画上长袍，同理，我们也无权根据自己的喜好编辑或删改经典。

* * *

① 英国的维多利亚女王统治时期社会风气比较保守。

不过这并不是说给孩子读故事时我们必须按照原文，一字不落。家长可以视情况而定。有时我们只能略去部分内容：比如我第一次给弗洛拉读吉莉安·克洛斯（Gillian Cross）所改写的《伊利亚特》，当读到描写赫克托耳惨死的部分时，弗洛拉表示再也不想听第二遍了。实际上克洛斯的版本已经删除了荷马史诗中最血腥的部分，但每每读到阿喀琉斯用矛尖戳破了赫克托耳的喉咙时，我还是得跳过去。弗洛拉知道赫克托耳后来的命运如何——阿喀琉斯冷酷地拒绝了赫克托耳的恳求，将其尸体绑在战车后，拖回希腊阵营中——她很不愿意听这部分。所以每次读到两人决一死战的场景时，我只能一带而过，“赫克托耳死了。”

根据孩子的反馈而进行适当地调整会让亲子阅读更有活力，这就像量体裁衣一样。有些父母会略过《巴巴尔的故事》中巴巴尔的妈妈被猎人射死的场景。有些孩子读到这一页可怕的场景时会躲起来，连看都不敢看一眼。这都很正常！我们需要调整的原因有很多。有些家长会跳过冗长的描写段落，因为孩子可能会不耐烦。我认识的一位妈妈不愿意女儿从自己嘴里听到“闭嘴！”这样不礼貌的语句，哪怕是故事中人物的对话，所以文中每次出现“闭嘴！”时，她都会改说成“安静！”。

我最喜欢的故事改编不是来自真实的生活，而是来自于一部20世纪60年代的电视剧——《家有仙妻》。其中有一幕演的是红头发的女巫恩多拉给小孙女塔比莎读一个著名的童话故事：

> 很久以前，有一个好心肠的女巫住在大森林中的姜饼屋里。她既不捉弄人，也不伤害人，塔比莎，你明白吧？
>
> 不幸的是，有一天两个讨厌的小流氓发现了姜饼屋，他们叫汉塞尔与格蕾特尔。这一对厚颜无耻的贪吃鬼砸烂了窗台，然后开始

大吃特吃起来！

你怎么看呢？好心肠的女巫自然要管教一下他们。谁不痛恨这种破坏行为呢？

女巫对原版《糖果屋》颠覆性的改编起到了一箭双雕的效果：她不仅同孙女依偎在一起读了经典童话，同时提出了自己独特的看法。我并非要故意夸大这个搞笑场景的效果，但我相信将来塔比莎读到原版《糖果屋》时一定会发现两个版本之间的差异，她一定能从中悟出些道理。

把孩子与极富想象力的优秀文学作品割裂开并不是在帮孩子，他们需要面对故事中令人痛苦的一面，也需要结识卑鄙可怕的人物。文学如同生活本身，是无法掌控的。它会引发我们思考道德、文学及哲学问题。还有什么地方比温暖的家庭更适合讨论这些问题呢？人类的历史混乱而不完美，生机与危险同在，创造与破坏并存——有残忍和堕落，偏见与仇恨，爱与欢乐，牺牲与美德。我们大可不必害怕。罔顾历史，掩耳盗铃是愚蠢的行为。明智的父母应该和孩子一起交流各自的看法，而书籍就是很好的切入点。

“坏人却往往能创造出伟大的艺术，”这是作家卡米尔·帕格利亚（Camille Paglia）的看法，“可那又如何呢？”

* * *

无论在文化的广阔河流中会掀起怎样的惊涛骇浪，我们总有自己的抉择。倘若我们能坚定地带领孩子广泛地阅读，他们就能内心充盈，思想开阔，并能敞开心扉地和父母讨论在别处羞于启齿的难言之隐。

“历史，归根到底是人创造的。”作家伊丽莎白·詹尼特·格雷

（Elizabeth Janet Gray）说过，她的作品《大路上的亚当》获得了纽伯瑞大奖，故事背景是 13 世纪的英格兰。格雷认为，历史视角“能让我们深刻地感受到我们是绵延不绝的人类的一部分，那些已经逝去的生命与将要到来的生命，虽然他们的文化传统与经历与我们的相去甚远，但人类的苦恼与渴望、悲伤与欢乐却是亘古不变的。我们并不孤单，知道这一点会让我们当下的存在更加丰富鲜明，让我们在困难面前更加坚忍不拔，而不是犹豫后退”。

我们并非搁浅在无人的荒岛上，身边只有一本书能用来打发漫长的余生。各种类型的书我们不妨都来一点：可以读劳拉·英格斯·怀德的《大森林里的小木屋》，也可以读路易斯·厄德里克（Louise Erdrich）的《桦树皮小屋》，让孩子认识到——让作者告诉他们——书中两个小女孩的生活是多么相似，有烦人的兄弟姐妹，住处靠近田地，每天都得做很多乏味又累人的家务事；同样的西进运动，两个故事所展现的却又如此不同，这是因为两个女孩分属不同的社会群体，一个是白人，一个是印第安人，住的房屋也不同。如果孩子读到的书带有一定的偏见，解决之道是让他读更多的书以对抗偏见。

我们是幸运的，跟前人相比，我们所能看到读到的书本、故事、绘画、雕塑以及其他形式的艺术作品要多得多。我们有学校、图书馆、博物馆、实体书店与各种书籍应有尽有的网上书店，无论是新书还是旧书，纸质书还是电子书，价格高昂的书还是折扣书，都能买到。得益于古登堡计划，我们还可以从网上免费下载公版书。

没有哪一本书能满足所有的需求。有些书本的观点会比较过时，那么我们可以让孩子多接触不同种类的书籍。读得越多，听到不同的声音便越多；听到不同的声音越多，思考的空间便越大；思考的空间越大，越是能兼收并蓄；越是能兼收并蓄，思路与心胸便会更加开阔；思路与心胸越是开阔，越好。

“如果全人类都持有相同的意见，只有一人持不同意见，那么全人类无权让那个人保持沉默，正如那个人无权让全人类保持沉默，”著名哲学家约翰·密尔说过，“限制他人表达意见的罪恶之处在于它是对全人类的掠夺，对当代人类以及我们的子孙后代的掠夺——对持不同意见的人掠夺得更多。如果他们的意见是对的，人类被剥夺了以错误来交换真理的机会；如果他们的意见是错的，人类则失去了一个几乎同样巨大的好处，那就是真理与错误的碰撞能让人对真理有更清晰的认知与更深刻的印象。”

不要害怕。让故事在孩子的心中流淌。有一些简单实际的方法既能让孩子接受前人的局限性，也能传递出乐观与宽容。一个世纪以前由巴尔的摩的教育家希利尔（Virgil Hillyer）所著的《写给儿童的世界历史》给我们很好地示范了应该如何处理有时代感的话题。这本书的章节篇幅都不长，希利尔细致地列举了许多过去人们奇奇怪怪的观念和行为，然后用令人耳目一新的思路和视角进行了解读。在讨论古希腊的黄金时代时，希利尔告诉孩子们，那时候有个叫菲狄亚斯的雕塑家，用象牙与黄金为雅典的帕特农神殿雕了一尊雅典娜巨像。

“菲狄亚斯被称作世界上最伟大的雕刻家，”希利尔写道：

> 但他犯下了一桩在希腊人看来绝不能饶恕的罪行。我们并不认为他的所作所为算得上什么大的过失，但古希腊人判断对错的标准跟我们可不一样。他到底做错了什么呢？菲狄亚斯把他自己和当时雅典的领袖，也是他好朋友的伯里克利的像，同时雕刻在盾牌上。

那不过是盾牌上的部分装饰，一般情况下没人会注意到。但在古希腊人看来，在女神像上雕刻凡人是对神明的亵渎。古希腊人后来发现了菲狄亚斯的行为，于是就把他扔进了监狱，最后他死在了监狱里。

这一段话短小精悍，却用一种理性、包容并且与时代契合的历史观影响了孩子："我们并不认为他的所作所为算得上什么大的过失，但古希腊人判断对错的标准跟我们可不一样。"古希腊是全然不同的国家。他们的行为方式与我们不一样。孩子是能够明白的。

在这种情况下，朗读是对于逝去的先辈的尊重，是对删减原著这一做法的人道主义抵抗。守护经典文学著作并不是要为偏见辩护，而是主张对过去的人以及现在固执己见的人持同情与宽容的态度。如果我们评判过去的人，那我们的子孙后代也会评判我们。在我们看来无可指摘或者不可避免的观念和行为，到了我们的后辈那里却只能说明我们的愚蠢、堕落与目光短浅。正如沃尔特·埃德蒙兹所言，所谓的现在，"在无垠的时间长河面前，不过是一眨眼的工夫"。

所以我们绝不能放弃前人留下来的优秀作品，虽然有些并不完美。为什么呢？因为你朗读的书籍会让孩子的生命更厚重，即便他们已经长大成人，离开了你。

然后——

没有然后了。那些脏兮兮的婴儿书，那一堆护封不知道去哪儿了的绘本，那些边角都卷起来的平装书，那些纸张还算平整的精装书和新书——人们要么把它们存放好，要么卖掉或送人。你已经打了一场漂亮的仗，已经来到了赛跑的终点。你完成了任务。

果真如此吗？

我们有时候会忘了，家庭活力的源头不止一个。朗读所产生的幸福感及意义不仅仅限于父母给孩子读书。它所带来的心智的刺激，情感的联结，内心特别的悸动——在成年人给成年人读书时，兄弟姐妹之间，长大成人的孩子给老去的父母读书时同样会出现。

Chapter 8

第八章

从托儿所到老人院：朗读经久不衰

姑娘，你要慢慢地给他读，吉卜林的书可不能读得太快。注意看逗号在哪儿，这样你才能找到自然的停顿。吉卜林写作时用的是钢笔和墨水，他一定会经常抬起头，凝视着窗外，倾听小鸟的啁啾，大部分作家都是如此。有些作家不知道那些鸟儿的名字，但吉卜林知道。你的视线移动得太快，太美国化了，想想吉卜林拿着钢笔书写的速度。

——迈克尔·翁达杰，《英国病人》

美国得克萨斯州休斯敦。一个名叫琳达·卡恩的女人坐在病床旁，心神不宁。病床上躺着的是她 88 岁的老父亲，他的心脏正在走向衰竭，需要进行手术。

不过让卡恩心神不宁的倒不是这个。她和父亲待在医院里无事可做，每天两个人只能闷闷不乐地说上几句话。这才是她的烦恼。卡恩深深地爱着父亲，他们原来相处得非常融洽，特别聊得来，可现在父亲总是牢骚满腹，抱怨这抱怨那。他对医院糟糕的食物、医生、各项检查及诊断，还有可能的治疗结果统统都不满意。他原本是个兴趣爱好广泛的人，现在好像只关注病房里的事情。受他的影响，连卡恩也感觉到外面的世界越来越遥不可及，越来越无关紧要。

“在医院陪护病人真是不易，”卡恩后来告诉我，“不仅要承受很多压力，而且更糟的是，除了病人的状况，似乎无话可谈。”

卡恩打算找个方法来转移父亲的注意力，这时她的目光落到了一摞书上，那是别人探望父亲时给他带的礼物。父亲一直很热爱读书，只是近来身体每况愈下，所以才不得不放弃。

那一刻卡恩有一种醍醐灌顶的感觉。她拿起一本《年轻的巨人》，那是迈克尔·谢尔顿（Michael Sheldon）为丘吉尔所写的传记，然后开始大声朗读起来。

“病房的氛围还有病人的心态立刻就有所转变，”她告诉我，“它能把父亲从被疾病困扰的情绪中拯救出来，看电视不需要动脑子，但听书可必须动脑子，而且大脑和眼睛又不会太疲劳，因为是我在朗读。”

那天下午卡恩为父亲读了一个小时的书，这对于双方而言都是一种解脱和满足。朗读不仅让女儿与父亲建立了情感的联结，让她掌控住局面，也帮助了父亲——他能乘着女儿的声音，摆脱自怜自艾的负面情绪，转而积极地调动大脑，找回自我。

“他现在频繁出入医院，”卡恩说，“每次住院我都给他读书，一般是军事历史书籍或者传记，虽然我不喜欢这些题材，但父亲喜欢，看他高兴我也就放心了。”

尼尔·布什的父母是大名鼎鼎的前总统老布什与芭芭拉·布什，对他而言，在医院照顾年迈的双亲是报答父母养育之恩的难得机会。“小时候妈妈会给我和兄弟姐妹们讲故事。”他在2018年秋天接受采访时告诉记者。父母几次住院时，“我们都会给他们读书，比如关于父亲的外交政策的书或者母亲的回忆录。”尼尔·布什说。

他的声音哽咽住了，“一起回顾父母伟大的一生对于我，他们的儿子来说，是上帝的赐福。”

在尼尔·布什接受采访的第二天，他的母亲芭芭拉辞世，终年92岁。

通过给患病的父母读书，琳达·卡恩与尼尔·布什回归到一种抚慰病患的传统做法，历史上不乏先例。在过往的多少个世纪中，有很多人通过阅读来帮助亲人冲破病房的限制，其中就有伟大的物理学家爱因斯坦。爱因斯坦的妹妹玛雅在60多岁的时候患了中风，长期卧床。据《纽约客》杂志的精彩报道，玛雅才华横溢的哥哥爱因斯坦晚上会到她的房间待上大概一个钟头，给她读古希腊的经典名著："恩培多克勒、索福克勒斯、埃斯库罗斯与修昔底德每晚都在这位饱含深情的兄长的平静的声音中，接受最抽象、最先进的科学的致敬。"

我们都知道，爱因斯坦是一个注重高水平思维的人。或许正是因为他的智力异于常人，所以他才会对大脑困顿于肉身是如此敏感。几年后，在理论物理学家马克斯·普朗克的生日庆祝会上，爱因斯坦谈到了人类想要超越平凡与庸俗的渴望：

> 我相信人类之所以会走向艺术与科学，最强烈的动机是想要摆脱极度无聊又粗俗的日常生活，摆脱不断变化的欲望的枷锁。个性优秀的人渴望冲破凡尘俗世的生活，投入到客观理性的世界：这就像住在城市的人会无法遏制地渴望逃离拥挤吵闹的环境，去静谧的山川，让双眼穿透纯净的空气，恣意地在寂然中找到永恒。

年迈行动不便或者被病魔困扰的人需要他人的帮助才能逃脱"极度无聊又粗俗的生活"。迈克尔·翁达杰于1992年创作了小说《英国病人》，故事中的男主人公同样如此。他全身大部分被烧伤，但思维依然活跃，年轻的加拿大护士给他读书，却几乎糟蹋了吉卜林的作品。

"想想吉卜林拿起笔来写字的速度。"他恳求道。

英国病人的恳求提醒我们，读书要考虑对方的感受，要营造友好的氛围。没有人喜欢听另一个人絮絮叨叨，既不关注所读的内容，也不考虑听者的感受。最精彩、最振奋人心的朗读好比艺术作品，朗读者能神通广大地让听者脱离困境。作者优美的文字以及耳朵所听到的如音乐般曼妙的声音构成了这件艺术作品，它们结合起来就会在听者大脑中产生声音图像，广播剧演员也称其为“心灵剧场”。

这其中有很多因素需要考虑：朗读者的措辞、语音语调，词与词之间、句子与句子之间的停顿，嗓音的差别，声音是温暖还是冷淡。这些因素会传递给听者，共同凝聚成一个复杂的美学体验，如呼吸一般转瞬即逝，又如触摸一般抚慰人心，就像我们在新生儿重症监护室看到的一样。

朗读也需要自我奉献。读书是在告诉对方，我们在乎他们，我们愿意花时间与精力关注他们，给他们带来好的东西。我已经在前面的部分向大家介绍了朗读在年轻的家庭中是如何作用的，亲子阅读是如何把父母和孩子联系起来，并且让大脑分泌出大量的神经化学物质让大家一起兴奋欣喜的。对于成年人来说，这种魔法同样会起作用。

* * *

当女儿卢比在 10 岁那年宣布不再需要妈妈给她读书时，劳里·霍尼克觉得很意外，也很失落。卢比想要自己看书，因为这样阅读速度更快。“那一刻我非常难过，但我必须尊重女儿的意见。”霍尼克告诉我。

3 年过去了，对于霍尼克来说，大声朗读似乎已经成了过往的美好回忆，直到有一天机缘巧合的事情发生了：霍尼克和丈夫彼得驱车前往阿迪朗达克，车程要 5 个小时，一路上手机信号很差，而霍尼克刚碰巧随身带着约翰·格林将要在 2017 年出版的《龟背上的世界》的书稿，当时读者们对这本青少年图书期待已久。这本书是格林继上一部作品

《星运里的错》之后的最新力作，作为一家出版社的总裁，霍尼克有幸成为业内最先看到这本书的人之一。她很想一头扎进这本书里，但又觉得彼得开车那么辛苦，只顾自己埋头阅读未免过意不去。

“我实在是等不及了，”她说，“于是干脆大声给彼得朗读起来，我读了得有几个小时，因为我们都欲罢不能。大声朗读仿佛让我化身为故事中的主人公，如果作者是用第一人称来写的话，你甚至感觉自己就是那个人物。对我而言，这样的体验有非常深刻的意义。如果一本书不是用朗读的方法来读的话，我们在阅读时往往会一掠而过，所以不是每一个句子都能够引起共鸣，但朗读则不然。”

只有从容不迫的阅读最能激发读者的共鸣。正如英国病人所提醒的，我们的眼睛移动的“速度太快，太美国化”，只是如蜻蜓点水般匆匆扫一眼，自然难以领略完整的意义。而耳朵需要更稳定的节奏。有目的的朗读能迫使我们按照弗拉基米尔·纳博科夫所描述的方式与文字进行互动。

“我们必须把文学拆解，分成碎片，不断挤压，”纳博科夫写道，“然后才能在掌心嗅到它馥郁的香气，接着放入嘴中，任其在舌尖翻转，并津津有味地咀嚼。这时候，也只有在这时候，所有的碎片才能再次在我们的大脑中凝聚到一起，显现出统一之美，在这个过程中我们倾注了心血，所以才能品尝到它独特的滋味，体会到它的真正价值。”

逐字逐句地大声朗读才能赋予语言以分量与价值。这么做不仅会让我们觉得快乐，朗读也是一种陪伴和联系，朗读能刺激心智的发展，而这又确实能让朗读者与听者更健康、更幸福。

✷ ✷ ✷

伦敦北部，6月的一个下午，六七个老年人舒舒服服地围坐在一家老弱病残中心四楼房间的两张圆桌旁。屋外云层低垂，屋子里其乐融融，地上铺着柔软的地毯，有几个独立的书架，感觉就像酒店一样。这里闻不到一丝药水的气味，也丝毫看不出这几位老人经历过人类历史上最为惨烈的浩劫。

一个年轻些的女人凯特·富尔顿刚给大家倒过茶，现在正在分发已经订好了的复印稿。

“好的，”富尔顿边说边坐到椅子上，“今天要读的是多丽丝·莱辛的小说。”

“多丽丝·莱辛啊。”有人附和道。

“我记得她好像跟我上过同一所学校。”有个声音慢悠悠地说道。

富尔顿笑了。“再次提醒一下大家，我们这里没有什么规矩——”

“只要认真听就行。”

“不，你说得不对，只要别提前读就行。”

大家都被逗笑了，这个规矩人人都知道。富尔顿其实是怕我不明白。

“我们活动的目的就是要大家专注于眼前的文学作品，”富尔顿告诉我，“大家的节拍是一致的。我们也会评估。”

说完她转过身问道，“大家都准备好了吗？好的，我马上开始。多丽丝·莱辛的《飞行》。《飞行》。”

“她还活着吗？”

“不，她已经去世了，”富尔顿回答，“今天算是对她的致敬。”

稍稍停顿了一会，富尔顿开始读了起来。她的声音洪亮而清脆，她仔细地观察着逗号落在哪里。

老人的头上是个鸽子棚，高高的铁丝笼立在架子上，里面有很多鸽子，它们趾高气扬地来回踱着步。刺眼的阳光投在它们灰色的胸前，折射出许多小小的彩虹。他边陶醉在鸽子的浅吟低唱中，边伸出手去够他最中意的那只鸽子，一只体态丰盈的年轻信鸽，它看见了他，静静地站在那儿，歪着脑袋机敏地盯着他。

“漂亮，漂亮，可真漂亮。”他说道。

多数听众都一动不动地看着手中的稿子，聚精会神地听着。有位双目失明的女听众戴着墨镜，脸朝着朗读者的方向。屋子里很安静，大家都在专心思考。他们有的说法语，有的说德语，有的说英语——二战以后的犹太人大流散让他们在伦敦的戈尔登格林犹太人聚居区相遇，对此大家心知肚明。他们都是大屠杀的幸存者，他们的身份和背景就像他们所说的语言一样不同。有几位女士是博士，还有一位在大学教授文学。唯一的男士，一个快乐的伦敦北部人，形容自己“一点都不聪明。我在这个班上垫底！”。

无论他们过去的经历如何，现在他们每周都要花上一个半小时的时间一起坐下来，享受文学朗读带来的愉悦。

“阳光下，她的长发从背后垂下来……”

富尔顿马上就要读完第一页，屋子里响起了一阵轻柔、缓慢的翻页声。

“……她裸露的长腿让人想起了鸡蛋花树的叶柄，一片片淡黄色的花丛中光秃秃的亮棕色叶柄。”朗读者继续往下读，这里描述的是十几岁的孙女让养鸽子的爷爷很不高兴。老人看到孙女，立刻动作粗鲁地放下了手中的鸽子。接着，两个人小心翼翼地打过招呼。祖孙之间的关系有些紧张。

这时候，富尔顿抬起头来。

“好的，”她说，“你们觉得他们在哪儿？”

“在农村？”

“靠近铁路。”

“你们觉得这个老人怎么样？”

“有些情绪化。”

“情绪化？你为什么会这么想？”富尔顿问。

“你看，他猛地把自己最喜欢的鸽子关回鸟笼里。”

“是的。之前一切都很正常，但他的情绪突然发生了转变，对吧？为什么会这样呢？”

“他看到女儿——不，孙女——在大门那儿晃悠。”那个男人回答。

“是的，他是什么感受呢？”富尔顿继续问道，“想象一下，我们假设他在乡间，我不知道哪里有故事中所说的红色土壤，有人知道吗？高地、低地或者其他地方，哪里有这种红色的土壤呢？”

* * *

凯特·富尔顿每周都跟这个团体一起朗读文学，当我到访戈尔登格林时，她已经坚持了5年之久。富尔顿放弃了自己的律师生涯，用她自己的话说，她是“为了滋养灵魂而放弃了钱途”。她的读书团体得到了慈善机构“为爱朗读”的资助，“为爱朗读”是由利物浦大学教授简·戴维斯于2002年所创建的全国性慈善机构，她的初衷是要让优秀的文学作品走出象牙塔，来到寻常百姓家，尤其是贫困家庭。

“为爱朗读”为英国的数百个朗读团体提供资助，主要是老年人团体，当然也有学龄儿童团体、寄养儿童团体、青少年团体、囚犯团体、（正在康复的）精神病人团体、戒毒者团体、阿尔茨海默病团体，以及护士团体和工作压力过大的看护团体。

无论团体的组成如何，规矩都是一样的。朗读者要接受专门训练，保证阅读时声音的平稳，不能有太多夸张做作的表演成分，这样才能不经修饰地将作者的语言原原本本地呈现给读者。有时团体成员也会轮流朗读，每周的朗读材料通常包括一部短篇小说和几首诗歌。

“我会尽量为大家挑选不同风格和背景的小说。”富尔顿告诉我。

> 我们曾经和H. G.威尔斯一起去过《魔术商店》，跟着契诃夫一起走过俄国的街道，和莫泊桑一起四处游历。
>
> 大家都很高兴。这群人中有位女士始终保持沉默。毕竟他们都有过伤痕累累的过去，有的人在集中营一直待到了8岁，这对人造成的创伤太大了。这位女士在战争期间受到过什么伤害，我并不知道，因为她从未说过。有一次我们读了一首关于友谊的诗，朗费罗的《弓箭与歌》。她突然张口说话了，“凯特，这是一首歌。”
>
> 要知道她从未开口说过话！于是我说，“你能给我们唱唱那首歌吗？”她居然真的唱了起来！她哭泣着，泪如雨下，她告诉大家在战争中他们被从一个消防站疏散出来，从那之后她再也没听过这首歌，是我帮她找回了失去的童年。
>
> 置身于这样的群体中朗读故事，什么事都有可能发生。你只是想不到而已。

"它让我思考，"那位双目失明的女士说，"朗读能让大脑活跃起来，帮我找到自己感兴趣但平时不会谈论的东西。朗读能让我们对不同的故事都有所领悟，而且，我真没想到我能从别人身上学到那么多东西。这跟在学校听老师讲课不一样。我们之间平等而友好。"

"对，那是与他人的互动。"唯一的男士补充道。

"朗读让文学作品焕发生命。"另一位女士说。"认真去听，认真讨论。我们仿佛与主人公融为一体。要是没有这项活动，我们只能盯着墙壁发呆或者靠看电视之类的打发时间。"

✸ ✸ ✸

我们有理由相信，这样的朗读团体给人们带来了切实的好处。

"从情感层面来看，朗读能提供许多心理的滋养。"很早就开始参加"为爱朗读"志愿服务的保罗·希金斯说。他后来成了该慈善机构的第一位受薪雇员。"不是所有人都有过小时候听爸爸妈妈读书的美好体验，这样的体验能抚慰孩子的心灵，我们甚至可以说它对于个体的成长而言是至关重要的。有趣的是，成年人，尤其是老年人听人读书也会说，'它让人非常放松'。通过文学作品，通过朗读所建立起的联系，通过每周的坚持所建立起的生命线，人们体验到的是仁爱与慈悲。仁爱、慈悲与美。它们让听者为之动容。这才是朗读的奇妙之处。"

2010年英国所做的一项调查表明，每周参加阅读团体的老年人能更好地集中注意力，焦虑情绪更能得到缓解，交际能力也有所提高。调查人员认为这绝大部分应该归功于团体中的老年人所接触的"丰富多样，不受约束的严肃文学作品"，小说能够让他们平静而放松，诗歌能培养专注力，不同的叙事能激发思考、情感与回忆。

我们需要严肃文学，因为它还有一个长期的好处。耶鲁大学最近的一项研究表明，那些以读书为乐的人的寿命平均要比不读书的人多两年，而且，读书似乎比读报纸或者杂志更有益健康。“这或许是因为书本比报纸杂志更费脑力，”耶鲁大学的阿夫尼·巴维希（Avni Bavishi）如此解释，“因为需要认知投入，所以阅读书籍能扩大词汇量，促进推理能力、专注力、批判性思维能力的发展。”他认为，文学“可以促进同理心、社会知觉与情商的发展，这些都是认知能力，认知能力越强，生存能力也越强”。

更让人振奋的是朗读对于阿尔茨海默病病人的影响。2017 年利物浦大学的一项研究说明，对于英国 80 万老年痴呆症患者，乃至全世界的老年痴呆症患者而言，朗读有巨大的潜在疗效。

“一起阅读文学作品不仅能利用阅读作为认知过程所带来的益处：它与社交紧密地结合起来，还让读者们能同时获得主观的和共享的体验。”研究人员在论文中写道。

这些都是显而易见的好处，除此之外，“研究结果表明，个体在阅读复杂的诗句时，大脑内部对语言所进行的神经处理可能会刺激大脑中已形成的神经通路，并对情感网络和记忆功能产生影响”。

康奈尔大学的莫滕·克里斯蒂安森告诉我：“经验与语言的使用在人的一生中非常重要。语言能力有点像肌肉，用进废退。”日本人口的老龄化问题相当显著，认知能力会随着年岁的增长与使用的减少而退化，日本的临床医生们正在探究每天少量的阅读和算术为何能提高老年人的认知能力。2016 年，日本东北大学的研究人员招募了一批健康的老人参加“为期 6 个月的学习疗法”。该疗法要求被试每天要进行简单的数学运算，朗读若干短篇散文。实验结束时，许多被试的认知能力都有所改善。

对于许多每周在一起朗读的人来说，一部分的乐趣是他人的陪伴能够明显缓解生理上的不适。有些人是独居，有些人只能待在医院、养老院或监狱，平时跟其他人接触的机会很少，他们可能只是迫于生活不得不与人交流，也可能生活的环境中等级森严。他们并没有很多机会能与他人平等交流，更别提大声朗读诗歌或短篇小说。英国最臭名昭著的一所监狱的某位犯人是这样坦诚地描述自己参加读书活动的感受的："文学似乎能'提高一个人的追求'，能让读者觉得自己仿佛是一个截然不同的世界的探索者，或者至少有机会能一窥'超脱尘俗的世界'。读书团体的整体氛围令人感到放松舒适，*它吸引着我，让我发现内心一直被忽视的需求，并满足我内心的需求*。"（斜体字是我标的。）

✸ ✸ ✸

当代人的生活孤独而疏离。随着电子革命的到来，孤独已经成了一种普遍现象，并且愈演愈烈。根据最近的评估结果，从 20 世纪 80 年代到现在，人类的孤独感指数翻了一倍。在当今美国，超过 40% 的成年人感受到不同程度的疏离感。亚里士多德说过，我们是社会性动物。孤独感与脱节感会对人造成严重的伤害。丹麦最近的一项研究表明，感到孤独的人患焦虑症和抑郁症的概率比普通人要高出三倍，因心脏疾病死亡的概率要高出一倍。

"孤独现在是一种流行病。如果我们无法重建牢固、真实的社会联系，人类将继续分崩离析。"美国卫生局前局长维维克·莫西最近在《哈佛商业评论》杂志撰文写道。他指出，孤独的流行病不仅会损害我们的心灵，还会损害我们的身体："孤独会带来压力，而长期的压力会让关键的应激激素皮质醇不断升高。孤独还和体内高水平的炎症有关系。而炎症又会对血管以及其他组织造成损伤，从而增加患心脏病、糖尿病、关节病、抑郁症、肥胖症以及早逝的风险。长期的压力还会劫持我们的前额叶皮质层，而前额叶皮质层主要负责的是决策、计划、情感的调控、分析以及抽象思维。”

孤独的负面影响很多，而缓解孤独的方法却简单省力。阅读具有惊人的力量，它能抚慰孤独的心，让孤独的人不再与世隔绝，使病人免于疾病的折磨。

而且它不仅对人类有用，对小狗也同样有效。也正是出于这个原因，美国防止动物虐待协会（ASPCA）的志愿者们才会从 2014 年开始给动物们朗读，以帮助它们从创伤中恢复过来。

“10 到 15 年前，负责疏于照顾宠物和虐待动物案例的差不多就我一个人。”该组织动物行为与培训的高级管理人员维多利亚·威尔斯与我在 ASPCA 的曼哈顿总部会面时告诉我。

> 有时候一些狗必须隔离，因为它们进来时就已经患病。有的受到了严重的伤害，甚至连站都站不起来。我挺愿意照顾它们的，但我不能挪动它们或者把它们抱出来，这样不利于它们的康复。
>
> 所以我就坐在犬舍前，边弹吉他边唱歌。我会弹奏披头士的歌。我发现那些胆小的、原本蜷缩在犬舍后面瑟瑟发抖的小狗，会慢慢地、蹑手蹑脚地爬到前面。它们似乎是在听我唱歌，神情变得很放松。

小狗对于音乐的反应自然会让人联想到给狗读书也是个办法。招募大批志愿者来照顾康复中的动物，这个办法切实可行。志愿者可以在远处给小狗读书，但是不能近距离和动物直接接触，因为这会吓到敏感的小狗。威尔斯和她的同事们仔细地制定了实施方案，以把动物的压力降到最低。现在志愿者们要提前接受培训，学会在不直接面对小狗的情况下用温暖且平和的语气为它们朗读，以避免小狗将其理解为一种对抗。志愿者可以自行选择阅读材料。有些志愿者会读报纸，给小狗讲讲最近发生的事情，有的则会选择儿童读物，有的则喜欢读成人小说。我去参观那天看到一位退休的歌剧演员正在跟 6 只小狗朗读 1967 年出版的科幻小说《我不能死》。小狗们待在干净的玻璃犬舍里，刚开始只听见一阵嘈杂的犬吠声，但她的声音仿佛是给小狗们盖上了舒服的毯子，它们很快就平息了下来。

“小狗们真的很喜欢听书。”威尔斯告诉我。“我想这是因为它们感觉不到丝毫的威胁，却又能得到人类的关注，这对它们来说极为有益。我们注意到，朗读确实有助于标准行为治疗。小狗们更愿意接受我们，待在犬舍里也更愉快放松，它们能更好地面对来来往往的人，还有过来挑选宠物的领养者。我认为人类的陪伴以及朗读时温暖平和的声音对它们是最有帮助的。”

如果小狗听人朗读都能变得健康快乐，那么人类更应该如此，无论朗读是否刻意而为之，比如英国伦敦的朗读团体，卡恩机缘凑巧在病房里给父亲读书，或者是霍尼克在驱车前往阿迪朗达克的路上出于无聊而读书。

对于成年人而言，朗读文学作品也是一个与人相遇、互相陪伴和自我发现的机会。朗读是抚慰孤独的心的良方，是逃离无论是肉体的还是精神的环境和限制的手段。朗读能让人在那一刻与外界连接起来，并与人类丰富的经验建立深刻的连接。“有些事情你以为只有自己经历过，结果通过阅读发现，原来一百年前的陀思妥耶夫斯基也有过同样的经历。对于苦苦挣扎的人而言，它不啻一种解放，他会发现原来自己并不孤单。这就是艺术之所以重要的原因。如果说活着不重要，那么艺术也就不重要了，但活着非常重要。”作家詹姆斯·鲍德温在思考过后写下了这段话。

✸ ✸ ✸

文学艺术让我们能活得更久，而共同朗读文学作品则会让我们更聪明、更快乐，也更满足。或许我们可以根据日本东北大学的研究进行大胆的推测——作为朗读者或者行吟诗人，本身就于我们的身心有利。

公元 2 世纪的罗马医生安替鲁斯就是这么认为的。安替鲁斯建议自己的病人每天都要朗诵，把朗诵当作一种强身健体的良药。他甚至想象有些种类的诗歌的效果更理想：“史诗是最理想的，其次是抑扬格的诗歌或者抒情诗。不过对健康最有利的还要属史诗。”

虽然说并没有大批热衷于养生的人争先恐后地朗读史诗以预防疾病，但喜欢朗读的人一定会告诉你，坚持朗读确实让人感觉更健康。人类的声音有着强大的力量，如果与优美的文字结合起来，会让人由内而外地心生欢喜。

给爱人、兄弟姐妹或者父母读书或许看起来很辛苦——目前来看，多数人的正常活动中都不包括这一项，大家甚至会觉得这么做有些与众不同。琳达·卡恩告诉我，在给父亲读丘吉尔的传记前，她想着究竟要不要这么做。她所知道的父亲一直是个强壮独立的男人，给他读书会不会很奇怪，甚至有些不合适。她不想让父亲感觉自己受了别人的恩惠。

事实证明，卡恩的担心是多余的，父亲和她都很享受这个过程。如同那些勇敢地迈出第一步给另外一个成年人读书的人一样，卡恩也收获了意外的惊喜。

谁不想如此呢？几年前的某个晚上，我的一个朋友晚饭后走到客厅，拿起本迈克尔·萨拉（Michael Shaara）的南北战争小说《杀手天使》。他没想太多，就开始大声朗读起前言部分。很快他 12 岁的大儿子也加入进来。接着他的妻子也跟着读了起来，最后两个小女儿也不甘落后，姐妹俩一个 6 岁、一个 8 岁，其实还无法理解书中对于罗伯特·爱德华·李和约书亚·劳伦斯·张伯伦的介绍，但她们也想凑热闹。短短几分钟的时间，每个人都很投入、很快乐，于是他继续读了下去。那天晚上一家人总共读了一个小时。第二天晚饭过后，他又拿起了那本书，就这么一天接着一天读下去，直到把那本书读完。我的朋友告诉我，共同朗读文学作品的体验是一家人最快乐的记忆之一，直到今天他们还津津乐道。

“我多么希望我能告诉你，读完《杀手天使》后，每晚朗读成了我们家的传统，”他告诉我，“但我们没有继续下去。我也不知道为什么。可能太忙了。”

朋友现在提到这件事还会扼腕叹息。他和家人收获了意外的惊喜——一本让人爱不释手的书如同魔法般，让一家五口围拢到一起——可惜却白白浪费了这样的大好机会。

Chapter 9

第九章

现在就开始

给我读本书吧！

什么时间都行！任何地方都可以！

——家庭阅读联盟的口号，伊萨卡，纽约

在美国某个小城市郊外一栋其貌不扬的房子里，住着拉希德一家人。拉希德家算是中产阶级，丈夫叫阿历克斯，妻子叫朱莉，他们育有 3 个孩子：10 岁的伊娃、6 岁的约瑟夫，小伊桑只有 21 个月大，是个爱跑爱动、精力充沛的小宝宝。

阿历克斯和朱莉听说给孩子读书好处很多，打算着有一天他们也要这么做。但是在一个忙碌的大家族里，生活纷繁复杂——阿历克斯是百分百的叙利亚血统，朱莉则有一半希腊血统——还要忙工作、忙孩子的学习，再加上客厅的苹果手机、平板电脑和大屏幕电视的干扰，读书给孩子听这个愿望便迟迟未能实现，更何况新生命的到来让夫妻俩更是手忙脚乱。

于是有心无力的拉希德夫妇成了我的阅读研究实验的最佳人选。他们也愿意参与到 3 个月的研究中，在此期间坚持每天给孩子读书。他们向我保证，每天至少要腾出半个小时的时间，期间关闭所有的电子产品，专心给孩子读书，虽然这样偶尔会错过公司的会议。接下来究竟会发生什么呢？阿历克斯和朱莉会觉得这是件麻烦事吗？孩子们会不会坐立不安，仍然闹着要看电视呢？小伊桑的专注力是不是只有 5 分钟，30 分钟想都别想？父母能看到孩子词汇方面的进步吗？就像一个环境保护主义者把狼群放归大自然——只不过我们的研究刚好反过来，让散漫的孩子们回归秩序，我很好奇这么做会给孩子们带来怎样的影响，心里暗暗希望能有个好的结果。

当我提着两大包纸板书、绘本和章节故事书出现在拉希德家的大门口时，朱莉高兴地说道："我们真的很激动。"

屋子里一派欢快的气氛。约瑟夫立刻冲过来，从袋子里往外拿书，也不管自己能不能看。"这是什么书？"他自言自语了好几遍，边说边接二连三地把书扔到屋子里的长绒布面沙发上。

小伊桑也一刻不停，在哥哥扔下来的书上走来走去，把书皮扯下来，抱着脚在沙发上翻滚，看到我在录音就伸着手要够录音笔，还走到我身后，用肩膀碰撞我以示友好。伊娃则很恬静，她笑吟吟地翻着书，让吵闹的约瑟夫保持安静，每次小伊桑要把书往嘴巴里送的时候，她都会及时抢救下来。

朱莉解释说："我一直没腾出时间来给孩子们读书，现在总算可以付诸实施了。我们已经制定了日程表。这感觉就好像全家报名参加了一项活动，我们都很期待。"

"我们既然承诺了，就得担起责任。"阿历克斯附和道。

这边大人们在忙着计划的时候，男孩子们这边出现了一阵小骚乱。《一只有耐心的蝴蝶》的封面被约瑟夫撕了下来，他把残缺的书扔到沙发上，正在寻找下一本攻击对象。朱莉赶紧把封面粘贴好，又对丈夫说："我看读书时间最好能早点，毕竟你每天 7 点到 7 点半之间就能到家。"

“其实只要大家开心就好，”我说，“阅读的时间和地点，是爸爸读还是妈妈读，这些都不用太讲究。”

我去之前本打算给拉希德一家讲讲对话式阅读和交互式阅读方面的知识，但那一刻我决定还是不讲为妙。让他们从零开始做起，太严肃反而会给他们带来压力。我甚至建议他们可以趁孩子泡澡时读书，并再三嘱咐他们，如果孩子坐不住，起来跑动或摆弄玩具都是允许的。毕竟，想让精力充沛的男孩子坐得端端正正简直无异于痴人说梦。

“好极了！”小伊桑突然大哭起来，朱莉只好提高嗓门说话。“我们打算从 6 月 1 号开始，连续读 3 个月。”

✸ ✸ ✸

3 个月之后……

不，等一下。

先让拉希德一家继续他们的实验吧！我们不妨先来看看如何在家里营造出一个钟头的魔法时间，或者神奇的 20 分钟也行。

从哪儿入手呢?

从小处着手。从眼前着手。从现在开始！不要还没开始就立下雄心壮志——我必须坚持多久，比如 3 个月或者一次必须读 60 分钟之类。我们需要做的是从今天就开始，找本书、杂志给自己爱的人朗读，哪怕读麦片包装盒上的说明也行。

应该先做些什么呢?

首先，请把电子产品放到一旁。把手机调至静音模式，尽量把手机放到自己看不到或者听不到震动的地方。给每个人一定的心灵空间，专注于文字和故事，专注于彼此。电子产品会让我们分神，让我们无法专注当下，还会阻碍情感联结与共同专注力的形成。

2017 年的一项研究《学会放下电子产品》发现，手机尤其会对亲子互动带来负面影响，这令人非常担忧。参与研究的妈妈们要完成一项任务，教两岁的宝宝两个单词，一次教一个。所有妈妈都随身带着手机，研究人员会在中途打电话，故意打断教学过程。

“手机响了，于是妈妈只好接电话。原本全心全意陪伴的状态被打断，随之被打断的是和孩子的联结。”特拉华大学的罗伯塔·米奇尼克·戈林科夫指出，她是该实验的合作研究者。“你应该知道我们接电话时面无表情的样子吧？这些妈妈接电话时也是如此，她们仿佛离孩子很遥远，所以孩子就不乐意再回到原来的状态。尽管妈妈在挂断电话后会来回重复那个单词，一遍不行就再来一遍，但是孩子就是学不会那个词。”也就是说，如果陪伴的过程被打断，孩子就学不会单词。但是如果整个过程是完整的，这些学步的孩子就能学会单词。

同理，要想读书获得最优的效果，就必须远离电子产品的干扰。最好关闭电子产品。

家长不能拿着平板电脑给孩子读电子书吗?

当然可以，但是这会带来很多问题。和手机一样，平板电脑可能会造成潜在的干扰，可能让孩子不专心。大家都知道，有时候手指轻轻一滑，我们的注意力就不知道去了哪儿，对于孩子来说也一样。看起来是在读电子书，实际上大人小孩分分秒秒都有可能分心，这会削弱阅读时的沉浸式体验。

正如佩里·克拉斯博士所言：“即便生活在数字化时代，我们也要适时地远离电子产品。家庭的压力越大，或者说孩子的压力越大，电子产品对他的吸引力就越大，这是我们不得不面对的关键问题。”

如果听众是成年人，用平板电脑读书通常没有什么问题，但如果听众是孩子的话——要想在阅读过程中最大限度地和孩子进行沟通和情感交流，促进其语言发展——最好还是摒弃平板电脑，用纸质书。

孩子还没出生该怎么做？

棒极了！在孩子还没来到这个世界之前，你就能养成给他阅读的好习惯。父母的声音会促进孩子大脑的发育——虽然我们目前还并不清楚其作用的具体机制，不过可以确定的是，待孩子呱呱坠地后，你的温声细语能激活他的大脑网络。

我的宝贝已经上四年级（或者六年级）了该怎么办？这时候读书给孩子听会不会太晚了？

无论什么时候都不晚。或许父母和孩子一起阅读宝宝书确实有些不合适，但大家一起摸索，朝向共同的目标努力永远都不嫌晚。比如饭前或饭后抽出 10 分钟，睡前也行，只要是惬意的陪伴，一天中任何时间都可以。再次强调一遍，要从小处做起。最开始可以给孩子读首小诗，读篇新闻，或者朗读学校里老师布置的内容。第二天继续朗读 10 分钟，最好选择差不多的时间段，就这样坚持下去。如果读书的时长一直没有超过 10 分钟，也没关系。只要每天有固定的时间关注对方即可。哪怕是老成的六年级的孩子也喜欢从父母那得到温暖、积极的关注。

长期主持 PBS（美国公共电视网）著名电视教育节目《阅读彩虹》的勒瓦尔·伯顿（LeVar Burton）曾经说过:“有人鼓励我，有人读书给我听，在我看来，没有什么比这样的经历更珍贵、更值得珍惜了。”

这样确实很好。但我不是勒瓦尔·伯顿，与专业主持人不同，我没有受过系统的训练。怎样才能吸引孩子的注意力呢?

自己要学会享受这个过程。朗读时越是投入，你的说服力便越强。选择一本好书固然重要（本书附有推荐书目），但是我也要告诉你，给孩子朗读是个复杂且浩大的项目。选书只是其中的一个因素。这个项目中还包括你和孩子，在朗读的过程中，孩子的心智被点亮，他会调动所有的感官去听，去看（插画），他也可能边玩乐高或者边画画边听——亦无不可。

讲故事本身就具有一种令人难以抗拒的魔力。爸爸妈妈或者老师手里拿本书往那儿一坐，一定会吸引孩子的主意，就像磁铁会吸附铁屑一样。有一回我在佛罗里达州的主题公园就看到过类似的场景，只不过当时被故事吸引的是一群大孩子，要知道那可是在如梦似幻的游乐场啊，真是太不可思议了。午后拥挤的人群穿过人造的对角巷[①]，这是环球影业的奥兰多影城，其中有一部分是以哈利·波特为主题的。这时有个女人走到低处的楼梯平台上喊道:“集合啦！”讲故事的人身着浅色的长袍，颇有些隆重，不过最令人称奇的却是人群聚拢过来的速度。眨眼之间就

① 对角巷是《哈利·波特》中英国魔法界最繁华的商业街道。

有一堆人跑了过来，接下来几个艺人演绎了J. K. 罗琳的《三兄弟的传说》[1]，在这20分钟时间里，听众们没有一个中途退场。最后掌声渐渐平息下来，我看见每个听众离开的时候都是一副神清气爽的样子。

你或许会以为，主题公园是朴素的声音最不可能打动人心弦的地方。但这群听众发自内心的表现告诉我们，人们对故事有着与生俱来的热爱，朗读的魅力是巨大的。这两条规律同样适用于为孩子们朗读的父母。你无须像勒瓦尔・伯顿那样娓娓动听，也不必非得像演员表演一样富有感染力，你只要让文字从你的嘴中流淌出来，一句接着一句，必然会产生吸引力。

另外需要说明的是，你读书时越投入，你的朗读便越有说服力。滑稽的声音与搞笑的音调能给亲子阅读增添许多趣味。如果读的是儿歌或者幽默诗，比如爱德华・李尔（Edward Lear）的《猫头鹰与小猫》，再比如《查理与巧克力工厂》中的童谣《小矮人》，或许你会很想唱出来，而不是读出来。

不，我不喜欢唱歌。

别担心！唱不唱歌由你说了算。不过小孩子们确实喜欢唱歌，如果家长能带着孩子在朗读中嬉戏，那么他们也会变得幽默而有趣。

“我女儿有次逮到她两岁的双胞胎在听爸爸讲故事的时候，居然打算从爸爸腿底下偷偷溜走。”有位外婆告诉我。

这位爸爸是一家律师事务所的合伙人，工作特别繁忙。他学识

① 《哈利・波特与死亡圣器》中的一部分。

渊博，他的父母都是大学教授。

于是孩子外婆告诉爸爸：“亲爱的，你读的是《咕噜牛》，不是法律文书！认真读，不要干巴巴的，你得边读边逗孩子们！”

后来孩子们再也没有临阵脱逃过。

地点的转换能给故事朗读添加几分冒险色彩。我之前提到过有位爸爸在读游猎故事时，跟孩子一起躲到双层床的下面，假装是在船舱里。有位妈妈则放下了手头的所有事情，带着女儿们和一本借阅将要到期的书，来到家附近绿草茵茵的山脚下。她们沐浴在阳光下与新鲜的空气中，轮流朗读这本书，读完才回家。“这次难忘的记忆让我们认识到，看起来无足轻重的小事，比如抽出时间在阳光明媚的山坡上一起阅读，却能在今后的岁月中被铭记和珍藏。”其中的一个女儿在若干年后告诉我。

朗读或许也并不总是那么美好，那么诗情画意。

的确如此。首先时间就是个大难题，是个无论如何也绕不开的难题。

“我觉得这很好。给孩子们读书的每一分钟对我来说都是种享受，真的。我喜欢那种温馨的感觉。”卡罗琳·西西里亚诺告诉我，她和丈夫不久前开始给欢乐又闹腾的孩子们读故事书。“但有时候我会感到自责。读书要花掉不少时间，而孩子们正是需要睡眠长身体的时候。挫败感和失望也会有。孩子们会渴望地看着我——今天没时间听故事了吗？”“好吧，但今天只能听 20 分钟。”我只好这么回答。想挤出些时间真是太不容易了。

有些父母则觉得，读书时如何让大人小孩不犯困是个难题。“我都是硬撑着不打瞌睡。”有位妈妈说。另一位妈妈则尴尬地承认：“我很喜欢比佛利·克莱瑞（Beverly Cleary）的书，给孩子们读她的书时我都是兴奋不已——可不知道什么原因，对孩子来说，她的故事有催眠的效果。”

儿子帕里斯告诉我，他很喜欢我们一起读书，但青春期前十一二岁的时候他脾气特别不好，那时候他觉得听故事就像是完成政治任务。“后来回头想想，这是我非常难忘的美好记忆，晚上的读书时间永远是一种期待。”他说，“不过也有不美好的时候——”

我曾经给孩子们读罗伯特·英诺森提（Roberto Innocenti）插画版的《匹诺曹》，结果书中有幅插画吓到了孩子们。当我翻开下一页时，赫然映入眼帘的是一个血淋淋、布满了尖牙的嘴，非常恐怖。

帕里斯继续讲道：“姐姐和妹妹很害怕故事里的那只鲨鱼，我也吓了一跳，一下把书推开了，然后你就打发我回房间睡觉。然后我在卧室门上画了幅海盗地图，你气坏了，因为我是用记号笔画的，擦不掉。”

既然你这么说，那么我们应该尝试着去做。

“要么做。要么不做。没有尝试这一说。”这是绝地大师尤达的话。想要自己和自己的家庭从朗读中积累宝贵的财富，归根到底还是要行动起来。你心里是不是在发怵？你是不是在想：我每天要权衡处理的事已经够多了，怎么肩上又多了个责任。

我敢保证：给孩子读书这个好习惯的养成比你预想的要快。在亚当·奥特所写的关于技术成瘾的书《无法抗拒》中，他给大家介绍了一种能帮助改变日常惯例的巧妙做法。他认为大家应该换种语言表达，才能更好地下定决心。“我要试着远离社交网络”这话没错，但“试着”这个词给自己留下了太多心理上摇摆的空间，奥特认为，不要给自己留任何余地才是更有效的方法，应该说“我不用社交媒体”。我个人认为这个方法同样适用于打算给孩子读书的家长。不要说“好吧，我们要试着腾出时间来读书”，而要说“我们每天都要朗读”，或者“我要读书给孩子听，一天也不能落下”。

晚上是读书的最佳时段吗?

只要你自己觉得合适，什么时间都可以。如果你整天都待在家，孩子也还小，那么能利用的碎片时间真是太多了。如果你是上班族，那么在宝宝吃早饭或洗澡时讲故事或许操作起来更容易。(“儿子还小的时候，我都是趁着他吃饭时间读书。”有个妈妈告诉我，一边模仿自己当时一手拿书，一手喂饭的样子。)

等孩子大一些后，睡前故事最能让孩子安静下来。我们家的情况就是如此。晚餐一番吵闹过后，接下来还有洗澡换睡衣的混乱，讲故事就好比大人小孩都爬上了救生筏。海面上纵然有惊涛骇浪，纵然有狂风卷起海水打湿身体，但我们都能安然无恙，这让人有一种劫后余生的欢欣快乐。

可是孩子年龄差得比较大。他们可以一起听我读同样的书吗?

为什么不可以呢？或许要视情况而定。你可以多试几次，看看什么最适合自己的孩子。比如让孩子们一起听，或者轮流讲给不同的孩子，还有时间多久比较理想。这么多年过来，我摸索出的方法能够满足各个年龄段孩子的需求。几个孩子在睡前会幸福地依偎在一起，先听我读一摞绘本故事，然后再听长篇故事中的一两个章节，整个过程是 1 小时。每个孩子都得到了自己需要的：亲密感、安全感、绘本所带来的视觉愉悦（大孩子也喜欢），还有丰富的词汇与拓展想象能力——章节书没有图画，需要孩子自己在脑海中构建出画面和场景。

当然每个家庭总有紧张的时候，大概有两年的时间，我每天要先给小一些的孩子读 45 分钟的绘本，然后下楼再给两个大孩子读 45 分钟的《海角乐园》《金银岛》《绑架》或者《海底两万里》。

那你应该没多少自己的事要忙吧!

不，我有自己的事！但是不妨碍！如果晚饭后不得不工作，或者我和丈夫都有安排，我会让孩子们早点吃晚饭，趁他们吃饭时讲故事。话说回来，父母确实要牺牲一些东西，这是在所难免的。但想想读书带来的好处，我会觉得适当的放弃很合算。有时候时间只够读几本绘本，有时我会拖到第二天早饭才读，有时候我会在关灯时告诉孩子：“今天看了电影，那就算是你们的故事时间。”

我虽然对读书很有热情，但我毕竟不是圣人。

你总是说“我”。难道你的丈夫从来不给孩子读书吗?

他也读，但只是偶尔。孩子小的时候他每天得工作很久，常常孩子都睡觉了他还没到家。而且，我自己也喜欢朗读，我乐在其中。他有空时也会加入进来，不过是听众，而不是朗读者。

由谁来读书会有影响吗?对于孩子来说，爸爸讲故事和妈妈讲故事有区别吗?

也有，也没有。对于孩子来说，最重要的是有听故事的时间，如果爸爸妈妈都能加入进来，他们会更开心。通常最喜欢朗读的人会起到主导作用。有个热爱朗读的人说过："为别人朗读，并且他们还愿意听，这是世界上最有意思的事情。"

研究发现，男性和女性会赋予故事时间不同的特质，虽然个体差异所造成的不同影响比性别差异要大得多。纽约大学的科学家注意到，父亲通常会更多地跟孩子谈论计算与数字。比如阅读绘本时，父亲会更多地让孩子数积木或泰迪熊的个数。父亲和母亲在阅读过程中都会给孩子大量的认知刺激，但侧重点有所不同。

我听过一个让人捧腹的例子。"我们家有艾琳·哈斯（Irene Haas）的故事书《麦琪 B.》，讲的是一个女孩带着小弟弟坐小船的故事。"一个妈妈告诉我，她有 6 个孩子。

> 她把小船整理得井井有条。她给小詹姆斯唱动听的船歌。她给弟弟做美味可口的饭菜，天气不好时用板条封好舱口。我读这个故事时，孩子们舒舒服服地依偎在温暖的被窝里，我会跟他们一起唱船歌，聊聊饭菜，然后慢慢往后翻。我很喜欢这个故事，孩子们也喜欢。
>
> 但我丈夫不喜欢。他觉得大海的故事完全不是这样。所以每当孩子们要求听《麦琪 B.》时，他就把故事改编成了《麦琪 B. 的诅咒》，里面充斥着海盗和狂风骇浪，主人公最后九死一生。不过孩子们更喜欢爸爸的版本。

还有个爸爸实在是受够了老是给 3 个孩子讲同一个绘本故事——孩子们特别喜欢——于是自己干脆把故事改写了一遍。结果全家人都能记得他颠覆性的改编。"小火车头托马斯就爱胡闹，"妈妈直接背了出来，

“上初中时他总是脱轨，少管所进进出出多少次，后来还蹲了监狱，长大后什么工作也干不长久，在拉斯维加斯又惹上了大麻烦……”

在阅读风格上还有一个有意思的差异，这与婴儿有关。研究人员注意到，那些花了很多时间陪伴婴儿的父母更能明白孩子的语言。当宝宝表达不清或表达有误时，大人很容易就能明白他的意思：“对啦，亲爱的，那是只大象！”但那些大部分时间未能陪伴宝宝的父母则需要进一步确认：“什么？你刚刚说什么？”前者能鼓励孩子努力把话说得更清楚、更明白。由此可见，不同的家庭成员参与到讲故事中，既能提高孩子的理解力，也能提高表达能力。

对于父母更忙碌的那一方而言，讲故事是一个能与孩子平和相处并建立情感联结的机会。或许开始你会觉得它是项任务，但慢慢地它就会变成一天中最宝贵的时光。

给幼儿读书时，需要让他们看文字吗？

为什么不呢？看文字也是乐趣的一部分，同时还能教孩子认字。尤其是那些句子押韵的故事。在孩子就要大声念出韵脚时（比如“the cat in the ___”），大人可以用手指着 hat①。大人可以顺其自然，不用对孩子要求太高。

劳拉是 3 个孩子的母亲，她告诉我：“孩子还小的时候，我们经常会翻来覆去地读同一本书。后来他们都能把文字背下来‘读’给我听了，这真的很好玩。他们并没有真的在读，而是把每页的内容都记了下来，他们很喜欢这样讲故事给我听。”

---

① 英语单词 cat 和 hat 的最后一个音发音相同。

有个叫约拿的男人告诉我，他的儿子有学习障碍，他讲故事的时候，儿子也会拿着同样的书跟着看。“我儿子注重的是微观的东西，看重细节而不看重全景。”这位父亲说道。

> 他不具备能宏观把握全局的逻辑思维能力：比如不知道故事的主题、故事中的联系等，而这些才是文学的创作目的。但他在学习的过程中得到了很多快乐，也能记住大部分的细节。
>
> 大概8岁时，我们开始每天晚上睡前读《哈利·波特》系列。这套书的美国版和英国版他都想要，于是我们都买了来。当我朗读美国版时，他就认真地对照着手中的英国版找不同，每隔几页发现两个版本的差别时，比如美式英语中的卡车是‘truck’，而英国人用的是‘lorry’，他就会高兴地叫起来。这套书的头几部我们就是这样读的。

孩子总是坐不住，我还怎么读书给他听?

这个问题确实有些棘手，也不是一两句话就能说清楚。有些孩子看起来一副漠不关心、无所事事的样子，实际上脑袋是跟着故事走的。患有自闭症的加布·罗梅利就是这样的孩子。还有些孩子很难集中注意力，或者不喜欢被束缚在一个地方。他们可能会挣脱大人的臂膀。对于这样的孩子，要给予足够活动的空间，他们才能从中找到乐趣。大人不要把这种行为看作是拒绝。

要记住，亲子阅读没有什么“绝对正确”的方式。亲子阅读的好处太多，所以我们要针对不同孩子的不同性格做出相应的调整。孩子也是人。他们喜欢的故事不同，喜欢的触摸方式也不同，对风景描写的耐受度也不同。（茉莉、帕里斯和维奥莱特对 C. S. 刘易斯的《卡斯宾王子》的每一句话都很着迷，他们坐在我身旁听得聚精会神，一章都没有落下，可是每次读到山川峡谷、悬崖峭壁等的风景描写时，菲比就会走开，玩地板上的玩具。）

如果孩子宁愿玩电子产品也不愿意与人相处或跟伙伴玩耍的话，那么大人在做决定时要更为慎重。每个家庭都有自己的选择，但我支持发展心理学家的观点——那些大部分时间花在电子产品上的孩子往往最需要定期刺激大脑，以让它释放出神经化学物质。

我感觉糟透了。我们原来有阅读的习惯。但是不知道为什么中断了。而且孩子年龄也不算大……

别纠结。你可以重新开始。有位叫阿米莉亚·德波拉的妈妈，给女儿读书一直读到她 8 岁可以自主阅读。结果接下来的几年，这个姑娘自己并没有读多少书，母女关系也比较紧张。她们总是争吵，冲突不断。后来有人给德波拉看了一篇报纸上关于亲子阅读的文章（碰巧是我写的），她这才猛然想起自己和女儿也曾有过无比幸福的时光。于是德波拉向女儿提议，每天晚上给她读书，令她欣喜的是，女儿答应了。

“我会问自己，为什么当时要停下来？”德波拉与我在咖啡馆会面时告诉我。“现在我给女儿读书时，她又像以前一样拿着书在屋子里踱步，太令人难以置信了，这简直就是奇迹！”

说到这儿她停住了。我看到德波拉的表情突然变得有些激动，她擦了擦眼泪。

“重新给女儿读书就像让时光倒流回以前”——她两手不自觉地攥成了拳头——“还有什么事情能让我们母女停止争执，像现在这样分享快乐呢？”

“读书真的帮了我们大忙。至少我们有心意相通、母女互相关爱的神奇时刻。我们一起走进了故事的世界，你明白吗？”

或许不是每个人都能像德波拉那样幸运，能重新找回魔法时刻。劳里·霍尼克在女儿卢比 10 岁的时候不再为她读书，13 岁的时候又重新开始。霍尼克把她们母女之间的对话讲给我听，“我对她说：‘我想或许我们可以重新开始阅读，就当睡前放松好了，你看怎样？’然后她”——说到这儿霍尼克笑得说不出话来——“她断然拒绝了。”

霍尼克的经历告诉我们：一旦开始，就不要放弃。究竟父母什么时候才不用给孩子读书？沃尔特·泰勒早在 1907 年出版的《儿童阅读指南》中就给出了明确的答案：“无论如何都不要停下来。”

这也太疯狂了。

不，绝对不是！霍尼克的意思是家长不要擅自决断，应该由孩子决定是否终止。2016 年美国学乐教育集团针对家庭阅读习惯做了项调查，绝大多数受访的孩子都表示，他们之所以喜欢亲子阅读，最重要的原因是“那是有父母陪伴的特殊时刻”。只要孩子愿意听，为什么不让这种情感联结继续下去呢？

心理学上关于人类动机有一种宏观理论，叫自我决定理论，就是说人们只有满足了三个本质需求时才会感到幸福和满足。赛巴斯蒂安·荣格尔（Sebastian Junger）所著的《部落》对人与人之间的疏离与联结很好地进行了归纳，篇幅不长，却很精彩。他在书中写道：“感觉自己有能力胜任所做的工作，感觉生命的真实，感觉到与他人的联结，这是人类所必需的。”

这段话让我更深刻地领悟到，为什么给孩子读书对于家庭生活而言是如此重要的力量。我们都知道，听众从中受益颇多，其实朗读者也一样。亲子阅读能帮助我们满足三个本质需求，读得越多，读得就越好：我们觉得自己有能力；专注于当下，敞开心扉，一心一意地关注自己所爱的人：这是生命的真实；与孩子、父母或另一半共同搭建起想象的图书馆，里面有各种各样的故事、人物、语言和有趣的词句：这是联结。

英语中有句谚语："仆从目中无英雄。"虽然我们不愿意承认，但孩子看父母其实是一样的：孩子小的时候会觉得父母的形象很高大，并不会去怀疑什么，尽管我们努力想表现得正直、努力，充满智慧，但总有搞砸的时候。我们有各自的缺点，会犯错，性格也有瑕疵。等孩子进入青春期时，他们会发现父母并不完美，对于两方而言，这是一个紧张又艰难的过渡过程。

你可能会觉得我有些跑题，但实际上这些问题都有关联。亲子阅读并不能保证对于每一个家庭而言都有圆满的结果——比如孩子成绩提高，家庭幸福度增加，家庭成员之间关系和洽。但它的确是样神奇的产品，而且我们不用花一分钱就能买到。作为一个有缺点、会犯错、性格并不完美的母亲，我知道讲故事并不是和孩子们一起做过的最有意思的事，但毋庸置疑的是，这是我能给孩子们的最好的礼物。

如果按你建议的去做，多久能看到效果？比如要想增加词汇量，提高专注力等需要多长时间？

需要说明的是，不同的家庭结果并不相同，不过我们可以从为期 3 个月的拉希德一家人的研究中得到一些启发。结果一定会令你大吃一惊，就连我这个推崇亲子阅读的人，也觉得很意外。

* * *

夏末的一天，我摁响了拉希德家的门铃。给我开门的是朱莉·拉希德，进门之后我发现大屏幕电视是关着的，整个家庭的气氛也有一些细微的改变。他们还是很快乐，就像我上次到访时一样，不过我能明显地察觉到一种平静。我走进客厅，跟阿历克斯打招呼，发现屋子里也像上次一样到处都是书，——但这次是因为孩子们半个钟头前到现在一直在看我带来的书。

多么惊人的改变！小伊桑现在两岁了，他没有像上次那样胡乱蹂脚，在书上翻滚，或者把书脊搞坏。我刚进门他就迎了上来，一路跟着我跑到客厅，在书堆中间站了片刻，然后蹲下来，拿起纸板书《小狗！快跑》就翻了起来。

“哇！”我感慨道，探寻地望向拉希德夫妇。

“伊桑最开始会啃书，”朱莉说，“不过近两个月他开始自己翻书看了。”

“我好奇这是为什么。”我说道，然后我们都笑了起来。

“孩子的改变可真是大啊！”朱莉告诉我。“从爱啃书到现在爱翻书。”她指着小伊桑说。

至于约瑟夫，他好像突然学会了很多单词！伊娃本来就喜欢读书，并且还会给弟弟们读书。“这正是我们期待的结果。我们甚至还邀请孩子的姨妈和外婆加入——搞成活动的形式。我们达成了共识：读书不必太拘泥于固定的时间。有时早上 9 点，有时下午 4 点。这取决于伊桑的饮食起居。他是 5：30 起床的吗？白天有没有睡觉？多数时候我们都得优先考虑伊桑。”

“我们喜欢白天读书，很有意思——碰上下雨或者天气炎热时就待在家，下午两点和孩子一起坐下来读书感觉好极了。我每次读大概 45 分钟到一个小时。”

趁着孩子泡澡时讲故事也获得了巨大的成功。“真是太棒了！”朱莉说。“孩子们可以平心静气地听着。我一次至少能读 6 本书。有时看孩子已经洗好澡了，我就想快点读完，所以会跳过部分内容，孩子们就会说：‘妈妈，你漏了一行，你得回头重读！’”

约瑟夫听到妈妈的话，在沙发上骄傲地扭动着身体。坐在地板上的小伊桑还沉浸在伊士曼博士的小狗派对中，纸尿布露出了一个角来。

“约瑟夫已经能背下来一些书了，比如《神来之笔》——”

“还有《寻找维尼》。”伊娃插嘴说。

“——《拆房子》，还有《亚瑟王的曾孙》——”

“读了 1 个月下来，每个孩子都有了自己的喜好，”朱莉说，“我们会读新的故事，但孩子们总是叫嚷着，让我们再读一遍之前读过的书。”

小伊桑仍然蹲在地板上，他又换了一本《晚安，大猩猩》，只见他边慢慢翻书，边注视着每一页色彩饱和的插画。画面是动物园的小动物们一个接着一个溜出了笼子，默不作声地跟在毫不知情的管理员后面。朱莉注意到我在看着伊桑。“这种事放到 3 个月以前是绝对不可能发生的。”她说。

伊娃这时开口了，“我们并没有读多少章节书，但大部分绘本已经看完了，而且看了得有一百遍”。

“而且他学到了很多东西，早上读的效果更好，”阿历克斯说的是约瑟夫，这会儿他正在聚精会神地读《我爸爸的小飞龙》，“晚上他也能坐得住，专注地听故事、问问题，这让我很欣慰。”

阿历克斯笑道，“这正是我们需要的——尤其是现在这个时代，孩子们浪费在电子产品上的时间太多了。我自己都在所难免。以前我大概是最糟的那个，老是忍不住想上网。大人一边讲故事还一边拿着手机，这绝对不是孩子的最佳榜样”。

他拿起平装版的《奇才杰克》晃了晃以表示强调。“纸质书的感觉就是不一样。”

虽然阿历克斯给孩子们读书的时间并不多，但是效果他都看在眼里。“两个男孩子从中受益无穷。”

朱莉插嘴道：“你可以很明显地看到改变，实在是太棒了。”

“你看他的词汇量啊！”阿历克斯回答，头偏向约瑟夫那边。

朱莉附和道：“从他嘴里冒出来的那些词！我都记得他是从哪个故事里学来的。他如果用对了词我就会问：‘你从哪里听到这个词的？’然后我回想起来是从一本书里……”

我心里想：这就对了！

后 记

在童话《小王子》中，沙漠中的小狐狸向来自 B–612 星球的小王子透露了一个秘密，小王子又告诉了作者安东尼·圣·埃克苏佩里。这部名著中最为人所熟知的一句话就是——“只有心灵才能看得清事物的本质，真正重要的东西是肉眼无法看见的。”

和小王子一起走在荒凉、美丽的沙漠上，圣·埃克苏佩里“很惊讶，突然明白了为什么沙漠放着光芒”。他告诉我们：

> 当我还是一个小孩子的时候，我住在一座古老的房子里，而且传说，这个房子里埋藏着一个宝贝。当然，从来没有任何人能发现这个宝贝，可能，甚至也没有人去寻找过。但是，这个宝贝使整个房子像着了魔似的。我家的房子在它的心灵深处隐藏着一个秘密……
>
> 我对小王子说道：“是的，无论是房子、星星，或是沙漠，使它们美丽的东西是看不见的！”

“真正重要的东西是肉眼无法看见的。”

对我而言，朗读就是这样的希望和宝贝。朗读的景象看起来稀松平常。大人和一两个孩子，或者是和六七个大人围坐在两张圆桌旁，桌上摆着一本书，也可能是一摞书或者一沓打印好的诗歌。边上还放了个时钟，时间在流逝，有人在讲，有人在听。

朗读之所以美好，之所以重要——是因为在这个过程中有丰富的情感交流，有心智的觉醒，有无边无际的想象，大家能分享不同的文化、感伤与幽默——这些肉眼都看不见。

但我们能看到朗读的效果，让人欣喜的效果。

我们生活在一个无比复杂，让人眼花缭乱的年代，简单的事物和简单的方法常常遭到嘲弄。但简单自有它的魔力。面粉、水和酵母就能做出面包。纸、笔和想象力就能创作出一幅肖像画、风景画或小说。两个人再加上一本书，只需要花一点时间，就能获得有意义、有影响的体验。

当作家兼插画家安娜·杜德尼（Anna Dewdney）得知脑癌将要带她早早离开这个世界时，她要自己的朋友们和喜欢自己作品的读者们用为孩子读书的方式取代葬礼和纪念仪式。她知道什么是真正重要的东西。在《华尔街日报》的 Speakeasy 文化博客中，她撰文写道："我们给孩子读书不止是在教他们知识，不仅仅是在灌输爱的语言。我认为朗读的影响力非常之大，但我们的文化似乎已经遗忘了这一点：和孩子一起读书，我们是在教他成为一个人。"

朗读是件小事，但其意义却极为深远。给自己所爱的人读书是最质朴，也是最奢华的礼物。想要拥有美好且悠长的魔法时光，你得克服困难，去实现它。

当然，我们渴望着实现，带着爱去实现。

致 谢

1676 年，现代物理学的奠基人牛顿在一封信中写道:“如果说我看得比别人更远，那是因为我站在巨人的肩膀上。”这句话为后人所称道，因为牛顿指出，知识是在前人的基础上积累起来的。实际上，牛顿并不是第一个提出这种观点的人，不过他的比方倒是很恰切，正是站在同样谦虚的前辈思想家的肩膀上，他才会有所成就。

想到自己和大物理学家居然能有点共同之处，我心里可真是欢喜。为了写这本书，我也爬上了巨人的肩膀，他们让我看到了在地面上看不到的风景，这些风景牢牢地锁在我的视线中。

我并不是说个人的经历不重要。给孩子读书读了这么多年，我知道这个过程中发生了重大的变化，我能够感觉到。双方的关爱、孩子们语言的飞速发展、不断拓宽的知识面、激动与快乐——它们真实地发生了，却又让人觉得不可思议。但如果没有巨人——没有科研人员、医生、教授、图书管理员、作家和人类学家为了探索朗读的奥秘所付出的努力——我是不可能写出这本书的。

我应该感谢的人有很多。感谢我的祖父母，玛丽·吉尔曼（Mary Gillman）、弗兰克·吉尔曼（Frank Gillman）与芭芭拉·考克斯（Barbara

Cox）、亚伦·考克斯（Allan Cox），感谢他们赋予我的父母生命，并且读书给他们听（也读给我听）。感谢我的母亲诺尔·考克斯（Noel Cox），感谢她由衷地、无私地爱着我，感谢我的父亲亚伦·考克斯（Allan Cox）和继母格蕾丝·西蒙森（Grace Simonson）。

丽莎·沃芬格（Lisa Wolfinger），谢谢你告诉我如何把亲子朗读作为家庭的重心。罗伯特·麦辛格（Robert Messenger），谢谢你细致认真地修改编辑了《朗读的恩赐》一文，文章于2015年夏发表在《华尔街日报》上。玛丽·奥迪兹（Mary Ortiz），你引导我朝正确的方向努力，并助我一臂之力，谢谢你。

我要感谢我的经纪人斯蒂芬·芭芭拉（Stephen Barbara），你太了不起了，你风趣幽默，在我一遍又一遍改稿的过程中，你提出了许多明智的建议。感谢Inkwell Management团队的其他人员，尤其是林赛·布莱希（Lindsey Blessing）和克莱尔·德雷珀（Claire Draper）。

感谢哈珀·柯林斯出版集团负责本书的编辑盖尔·温斯顿（Gail Winston），你就像一名针灸师，清楚地知道哪里扎针效果最好。

感谢索菲娅·格罗普曼（Sofia Groopman）与光芒四射的艾米丽·泰勒（Emily Taylor），是你们让书本的编辑过程井井有条，感谢罗宾·比拉德洛（Robin Bilardello）和弗里茨·梅奇（Fritz Metsch）为这本书设计了那么美观的封面与内页。也要感谢米兰达·奥特韦尔（Miranda Ottewell），帮我纠正书中的文字错误。

感谢罗斯玛丽·威尔斯（Rosemary Wells）、黛安·泽莱尼（Diane Zeleny）、蒙娜·沙伦（Mona Charen）为这本书所付出的宝贵时间，感谢丹尼尔·“搞笑部长”·克里滕登（Danielle “Minister of Fun” Crittenden）和大卫·弗洛姆（David Frum）与我多年的友情，你们提出的意见好极了。

感谢默罕默德·卡比尔·阿布巴卡博士（Dr. Mohammed Kabir Abubakar）、安妮·阿普勒鲍姆（Anne Applebaum）、利齐·阿特金森（Lizzie Atkinson）、芭芭拉·比恩博士（Dr. Barbara Bean）、克劳迪娅·佐伊·贝德里克（Claudia Zoe Bedrick）、帕特里克·巴拉德（Patrick Braillard）、斯图埃·布朗（Stuie Brown）、莫滕·克里斯蒂安森（Morten Christiansen）、劳拉·库恩斯（Lora Coonce）、丹·库普兰（Dan Coupland）、梅丽莎·戴维森（Melissa Davidson）、卡尔·丹尼斯（Carl Dennis）、莫林·弗格森（Maureen Ferguson）、简·菲德勒（Jane Fidler）、卢克·菲舍尔（Luke Fischer）、艾米·弗里曼（Amy Freeman）、凯特·富尔顿（Kate Fulton）、萨利·甘农（Sally Gannon）、鲁埃尔·格雷赫特（Reuel Gerecht）、罗伯塔·米奇尼克·戈林科夫（Roberta Michnick Golinkoff）、凯利·格雷（Kelli Gray）、陈光诚、艾米·古列尔莫（Amy Guglielmo）、保罗·希金斯（Paul Higgins）、斯科特·霍兰德博士（Dr. Scott Holland）、安妮·霍尔奎斯特（Annie Holmquist）、劳里·霍尔尼克（Lauri Hornik）、齐皮·霍沃维茨－克劳斯博士（Dr. Tzipi Horowitz-Kraus）、约翰·赫顿博士（Dr. John Hutton）、坎迪斯·肯德尔博士（Dr. Candace Kendle）、佩里·克拉斯博士（Dr. Perri Klass）、黛博拉·兰克曼（Deborah Lancman）、杰米·林伍德（Jamie Lingwood）、艾莉森·伦德尔（Alyson Lundell）、马特·梅汉（Matt Mehan）、泰勒·摩纳哥（Taylor Monaco），克里斯汀·纳尔逊（Christine Nelson）、沃尔特·奥尔森（Walter Olson）、马歇尔·彼得斯（Marshall Peters）、苏珊·平克（Susan Pinker）、史蒂夫·皮平（Steve Pippin）、安德鲁·普德瓦（Andrew Pudewa）、克里斯汀·罗森（Christine Rosen）、卡罗琳·罗

兰（Caroline Rowland）、马修·鲁伯里（Matthew Rubery）、劳拉·艾米·施利茨（Laura Amy Schlitz）、罗杰·斯库顿（Roger Scruton）、苏娜·塞奥博士（Dr. Suna Seo）、克里斯蒂娜·霍夫·索默斯（Christina Hoff Sommers）、西瓦·苏布拉曼尼博士（Dr. Siva Subramanian）、凯瑟琳·塔米斯－莱蒙达（Catherine Tamis-LeMonda）、玛丽亚·塔塔尔（Maria Tatar）、帕芬·特拉弗斯（Puffin Travers）、杰克·王（Jack Wang）、维多利亚·威尔斯（Victoria Wells）、娜塔莎·惠特灵（Natasha Whitling）、玛丽安·沃利（Marianne Worley）和保罗·泽林斯基（Paul O. Zelinsky），你们为我提供了太多灵感、专业知识、实例和可供借鉴的观点。

我要特别感谢巴桑蒂尼（Barsantini）、拜林森（Baylinson）、卡罗乔（Carroccio）、丹尼尔斯（Daniels）、迪默斯（DeMuth）、达根（Duggan）、格雷（Grey）、穆勒（Mullner）、纳德（Nader）、里斯（Reese）、罗西特（Rossiter）、西科尔斯基（Sikorski）、耶格尔（Yeager）家庭的所有成员，以及位于英国牛津的故事博物馆的员工。我还要感谢格温多林·范·帕森（Gwendolyn van Paasschen），在我写作的最初艰难阶段，把她与约翰·梅金（John Makin）共同经营的优雅家园变成了我的隐居之地，感谢热情接待我的犹他州的托比·考克斯（Dr. Toby Cox）和利兹·考克斯（Dr. Liz Cox）博士夫妇，从他们那儿我也学到了很多儿科知识。感谢《华尔街日报》的编辑埃里克·艾希曼（Erich Eichman），长期以来你一直负责我的文章，你是真正的绅士，这么多年的合作中你一直宽容友善。

我还要向那些把推广朗读当作毕生之事业的人致敬，谢谢你们。推广人包括克劳迪亚·阿里斯蒂（Claudia Aristy），她不遗余力地在纽约贝尔维尤医院开展儿童阅读推广计划，让无数个低收入家庭的孩子见证了奇迹的发生。我也要为卡特里娜·莫尔斯（Katrina Morse）以及她的同事们摇旗呐喊，他们在纽约伊萨卡开展了家庭阅读伙伴项目，汤姆金斯县随处可见鼓励大家朗读的海报，他们还放置了红色的小书架，提供免费书籍，所有家庭可以随意借阅。向莱斯特·拉姆尼克（Lester Laminack）与梅·福克斯（Mem Fox）致敬，他们是非常积极的推广者，而且口才极佳；感谢多莉·帕顿（Dolly Parton），多莉·帕顿基金会的慈善项目“想象图书馆”已经将一千多万本书送到了孩子手中；感谢儿童阅读推广计划的创始人罗伯特·尼德曼博士（Dr. Robert Needlman）、巴里·扎克曼博士（Dr. Barry Zuckerman）与艾伦·门德尔松博士（Dr. Alan Mendelsohn）；感谢《朗读指南》的作者吉姆·崔利斯（Jim Trelease），从1982年至今，他一直致力于推广阅读，居功至伟。

如果没有丈夫的爱与支持，我恐怕很难在做个好妈妈的同时也是一名作家，谢谢我的丈夫雨果·戈登（Hugo Gurdon）一路陪伴我过关斩将。茉莉（Molly）、帕里斯（Paris）、维奥莱特（Violet）、菲比（Phoebe）和弗洛拉（Flora），给你们读书是我一生中最荣幸的时期，做你们的母亲给我带来了无比的快乐与幸福。

本书中所提到的朗读书目，强烈推荐！

《海底两万里》，儒勒·凡尔纳 *

《老鼠阿贝漂流记》，威廉·史塔克

《一个印第安少年的超真实日记》，谢尔曼·阿莱克西

Adam of the Road, by Elizabeth Gray, illustrated by Robert Lawson

《哈克贝里·费恩历险记》，马克·吐温

《爱丽丝漫游奇境》，刘易斯·卡罗尔

The Amazing Bone, by William Steig

Andrew's Loose Tooth, by Robert Munsch

Around the World with Ant and Bee, by Angela Banner

Art & Max, by David Wiesner

Art Up Close, by Claire d'Harcourt

The BabyLit Series, by Jennifer Adams， illustrated by Lillian Hoban

《熊吃了你的三明治》，茱莉娅·萨科内 – 罗奇

Beowulf, retold by Michael Morpurgo, illustrated by Michael Foreman

《好心眼儿巨人》，罗尔德·达尔著，昆廷·布莱克绘

《贝贝熊寻找蜂蜜》，斯坦·博丹夫妇

《圆屋》，路易丝·厄德里克

* 译者目力所及，有中文译本的，列出中文书名，没有中文译本的，保留英文书名。

《好小子：童年故事》，罗尔德・达尔著，昆廷・布莱克绘

《神笔》，陆丽娜著，苏美璐绘

The Bunny Book, by Pastry Scarry, illustrated by Richard Scarry

A Butterfly is Patient, by Dianna Hutts Aston, illustrated by Sylvia Long

《查理与巧克力工厂》，罗尔德・达尔著，昆廷・布莱克绘

《夏洛的网》，E. B. 怀特著，伽斯・威廉姆斯绘

A Child's Book of Art: Great Pictures, First Words, by Lucy Micklethwait

《希利尔写给儿童的世界史》，维吉尔・希利尔

《纳尼亚传奇》，C. S. 刘易斯

The Cozy Classics Series, by Jack Wang and Holman Wang

《时代广场的蟋蟀》，乔治・塞尔登

《好奇的乔治》，玛格丽特 & H. A. 雷

《多莱尔的希腊神话书》，英格丽・多莱尔、爱德加・帕林・多莱尔

《蜡笔大罢工》，德鲁・戴沃特

《亲爱的动物园》，罗德・坎贝尔

Demolition, by Sally Sutton, illustrated by Brian Lovelock

《多米尼克的冒险》，威廉・史塔克

《皇帝的新装》，安徒生

《华氏 451》，雷・布拉德伯里

《农庄男孩》，劳拉・英格斯・怀德

《无比美妙的痛苦》，约翰・格林

《魔戒》，J. R. R. 托尔金

《寻找维尼》，林赛・马蒂克著，索菲・布莱科尔绘

The Fire Station, by Robert Munsch

《海底的秘密》，大卫・威斯纳

Fortune, by Diane Stanely

《青蛙，你在哪里》，梅瑟・迈尔

《记忆传授人》，洛伊丝・劳里

Go, Dog, Go! , by P. D. Eastman

《晚安，大猩猩》，佩吉・拉特曼

《晚安 iPad》，安・卓依德

《晚安，月亮》，玛格丽特·怀兹·布朗

《绿鸡蛋和火腿》，苏斯博士

《格林童话》，格林兄弟

《咕噜牛》，朱莉娅·唐纳森

《猜猜我有多爱你》，山姆·麦克布雷尼著，安妮塔·婕朗绘

《快乐狮子》，路易丝·法蒂奥著，罗杰·迪瓦森绘

《哈利·波特与魔法石》，J. K. 罗琳

His Royal Highness, King Baby, by Sally Lloyd–Jones, illustrated by David Roberts

《霍比特人》，J. R. R. 托尔金

《洞》，路易斯·萨奇尔

《六十个老爸的房子》，门特·德琼

《饥饿游戏》，苏珊·柯林斯

I Love You to the Moon and Back, by Amelia Hepworth, illustrated by Tim Warnes

The Iliad, retold by Gillian Cross, illustrated by Neil Packer

《蓝色的海豚岛》，斯·奥台尔

Jacob Two-Two Meets the Hooded Fang, by Mordecai Richler, illustrated by Dušan Petričić

《詹姆斯与大仙桃》，罗尔德·达尔

Johnny Tremain, by Esther Forbes, illustrated by Lynd Ward

《丛林之书》，鲁迪亚德·吉卜林

《原来如此：讲给孩子们的故事》，鲁迪亚德·吉卜林

《袋鼠和鳄鱼》，布朗温·班克罗夫特

《绑架》，罗伯特·路易斯·史蒂文森

The Killer Angels, by Michael Shaara

King Arthur's Very Great Grandson, by Kenneth Kraegel

A Kingdom Far and Clear, by Mark Helprin, illustrated by Chris Van Allsburg

The Light in the Forest, by Conrad Richter

《狮子、女巫和魔衣橱》，C. S. 刘易斯

《小鹰》，陈江洪

《小王子》，圣·埃克苏佩里

《小公主》，弗朗西丝·霍奇森·伯内特

《草原上的小木屋》，劳拉·英格斯·怀德

Logan's Run, by William F. Nolan and George Clayton Johnson

《漫长的冬季》，劳拉·英格斯·怀德

《玛德琳》，贝梅尔曼斯

The Maggie B, by Irene Haas

《神马》，陈江洪

《玛丽阿姨》，帕·林·特拉芙斯

The Merry Chase, by Clement Hurd

《迈克·马力甘和他的蒸汽挖土机》，维吉尼亚·李·伯顿

《华夫先生！》，大卫·威斯纳

Mutiny on the Bounty, by William Bligh

《我爸爸的小飞龙》，鲁思·斯泰尔斯·甘尼特

Not Now, Bernard, by David McKee

The *Odyssey*, retold by Gillian Cross, illustrated by Neil Packer

Old Mother West Wind, by Thornton W. Burgess

One Grain of Rice, by Demi

《快乐王子》，奥斯卡·王尔德

《自私的巨人》，奥斯卡·王尔德

《在那遥远的地方》，莫里斯·桑达克

《追逐金色的少年》，苏珊·埃洛伊丝·欣顿

The Owl and the Pussycat, by Edward Lear, illustrated by Robert Ingpen

《躲猫猫》，奥尔博格夫妇

《小飞侠》，J. M. 巴里

《木偶奇遇记》，卡洛·科洛迪

《波西和皮普》，阿克塞尔·舍夫勒

《长袜子皮皮去海边》，阿·林格伦

《长发公主》，保罗·欧·泽林斯基

Redwall, by Brian Jacques

《瑞普·凡·温克》，华盛顿·欧文

《侏儒怪》，保罗·欧·泽林斯基

《山姆和大卫去挖洞》，麦克·巴内特

The Sand Castle Contest, by Robert Munsch

《秘密花园》，弗朗西丝·霍奇森·伯内特

The Seven Wise Princesses, by Wafa'Tarnowska, illustrated by Neilesh Mistry

The Shadow, by Donna Diamond

Sleepy Solar System, by John Hutton, illustrated by Doug Cenko

《下雪天》，季兹

Solomon Crocodile, by Catherine Rayner

The Story about Ping, by Marjorie Flack, illustrated by Kurt Wiese

《巴巴尔的故事》，让·德·布吕诺夫

The Story of Ferdinand, by Munro Leaf, illustrated by Robert Lawson

《精灵鼠小弟》，E. B. 怀特

《海角一乐园》，约翰·怀斯

《驴小弟变石头》，威廉·史塔克

《迪基·温克尔太太》，比阿特丽克斯·波特

《鹅妈妈的故事》，夏尔·佩罗

Tawny Scrawny Lion, by Catherine Jackson, illustrated by Gustaf Tenggren

《这不是我的帽子》，乔恩·克拉森

《镜中奇遇记》，刘易斯·卡罗尔

The Tinderbox, retold by Stephen Mitchell, illustrated by Bagram Ibatoulline

The Touch the Art Series and *Brush Mona Lisa's Hair*, by Amy Guglielmo and Julie Apple

《金银岛》，罗伯特·路易斯·史蒂文森

《龟背上的世界》，约翰·格林

《木屋下的守护者》，凯西·阿贝特

Utterly Lovely One, by Mary Murphy

《柳林风声》，肯尼思·格雷厄姆

《小熊维尼》，A. A. 米尔恩

The Wolves of Willoughby Chase, by Joan Aiken, illustrated by Pat Marriott

《绿野仙踪》，莱曼·弗兰克·鲍姆

《梅格时空大冒险》，马德琳·英格

Young Titan: The Making of Winston Churchill, by Michael Shelden

更多值得大声朗读的推荐书目

冒险奇遇类

Black Ships Before Troy, by Rosemary Sutcliff, illustrated by Alan Lee

Clever Ali, by Nancy Farmer, illustrated by Gail de Marcken

Cloud Tea Monkeys, By Mal Peet and Elspeth Graham, illustrated by Juan Wijingaard

How I Learned Geography, by Uri Shulevitz

Night Sky Dragons, By Mal Peet and Elspeth Graham, illustrated by Patrick Benson

《长袜子皮皮》，阿斯特丽德·林格伦

Rosie's Magic Horse, by Russel Hoban, illustrated by Quentin Blake

艺术类

《儿童艺术大书》（黄色版＋白色版套装），英国费顿出版社编

Barbar's Museum of Art, by Laurent de Brunhoff

Blue Rider, by Geraldo Valério

《世界上第一幅画》，莫迪凯·葛斯坦

Imagine! , by Raúl Colón

Lives of the Great Artists, by Charlie Ayers

Old Masters Rock, by Maria–Chiristina Sayn–Wittgenstein Nottebohm

睡前故事

And If the Moon Could Talk, by Kate Banks, illustrated by Georg Hallensleben

The Bear in the Book, by Kate Banks, illustrated by Georg Hallensleben

The Big Red Barn, by Margaret Wise Brown, illustrated by Felicia Bond

The Prince Won't Go to Bed, by Dayle Ann Dodds, illustrated by Krysten Brooker

Power Down, Little Robot, by Anna Staniszewski, illustrated by Tim Zeltner

What Can you Do with a Shoe? , by Beatrice de Regniers, illustrated by Maurice Sendak

《我的泰迪熊去哪儿了》，杰兹・阿波罗

学会关心

Gorilla! Gorilla! , by Jeanne Willis, illustrated by Tony Ross

《一百条裙子》，埃莉诺・埃斯特斯

《我和瓦妮莎一起走》，科拉斯科特

《市场街最后一站》，马特・德拉培尼亚

Stella's Starliner, by Chris Wormell

Wolf in the Snow, by Matthew Cordell

关于成长

《哆悉哒？》，卡森・埃利斯

Emily's Balloon, by Komako Sakai

Edward's First Night Away, by Rosemary Wells

King Jack and the Dragon, by Peter Bently, illustrated by Helen Oxenbury

Little Wolf's First Howling, by Laura McGee Kvasnowsky and Kate Harvey McGee

The Tilly and Friends books, by Polly Dunbar

Waiting, by Kevin Henkes

汽车、卡车等交通工具书

20 Big Trucks in the Middle of the Street, by Mark Lee, illustrated by Kurt Cyrus

《爱工作的交通工具》，莎莉・萨顿

Fire Truck, by Peter Sis

Here Comes the Train, by Charlotte Voake

Machines Go to Work, by William Low

Machines Go to Work in the City, by William Low

The Caboose Who Got Loose, by Bill Peet

教数数、颜色和反义词的概念认知书

Alphablock, by Christopher Franceschelli, illustrated by Peskimo

Before After, by Anne-Margot Ramstein & Mathias Arégui

《10 只鹦鹉捉迷藏》，昆廷·布莱克

Ducks Away! , by Mem Fox, illustrated by Judy Horacek

Llamaphones, by Janik Coat

My Pictures After the Strom, by Eric Veille

Opposites, by Xavier Deneux

接受差异

Cecil the Pet Glacier, by Matthea Harvey, illustrated by Giselle Potter

Henry Huggins, by Beverly Clearly, illustrated by Louis darling

How Tom Beat Captain Najork and His Hired Sportsman, by Russell Hoban, illustrated by Quentin Blake

《妞妞的鹿角》，大卫·思摩

Marshall Armstrong is New to Our School, by David Mackintosh

Martha Speaks, by Susan Meddaugh

Traction Man Meets Turbo Dog, by Mini Grey

寓言故事

The Chinese Emperor's New Clothes, by Ying Chang Compestine, illustrated by David Roberts

The Goat-Faced Girl, by Leah Marinsky Sharpe, illustrated by Jane Marinsky

Hubert's Hair-Raising Adventure, by Bill Peet

《原来如此：讲给孩子们的故事》，吉卜林

Lousy Rotten Sinkin' Grapes, by Margie Palatini, illustrated by Barry Moser

The Storyteller, by Evan Turk

《狼、鸭子和老鼠》，麦克·巴奈特

童话与民间故事

The Bearskinner, by Laura Amy Schlitz, illustrated by Max Grafe

Brave Red, Smart Frog, by Emily Jenkins, illustrated by Rohan Daniel Eason

The Girl with a Brave Heart, by Rita Jahanforuz, illustrated by Vali Mintzi

Iron Hans, by Stephen Mitchell, illustrated by Matt Tavares

The Jungle Grapevine, by Alex Beard

Robin Hood, by David Calcutt, illustrated by Grahame Baker-Smith

The White Elephant, by Sid Fleishman, illustrated by Robert McGuire

家庭

《停电以后》，约翰·罗科

Building Our House, by Jonathan Bean

Leave Me Alone, by Vera Brosgol

The *Money We'll Save*, by Brock cole

Rotten Ralph, by Jack Gantos, illustrated by Nicole Rubel

《玩具历险记》，艾米莉·杰肯斯

Y*ard Sale*, by Eve Bunting, illustrated by Lauren Castillo

关于自我

《明明是大象》，布鲁斯·罗宾逊

Wee Gillis, by Munro leaf, illustrated by Robert Lawson

Leon the Chameleon, by Melanie Watt

Noodle, by Munro Leaf, illustrated by Ludwig Bemelmans

《让路给小鸭子》，罗伯特·麦克洛斯基

Piper, by Emma Chichester Clark

《图书馆狮子》，米歇尔·努森

友谊与爱

The Chirri & Chirra Books, by Kaya Doi, translated from the Japanese by Yuki Kaneko

《快乐狮子》，路易丝·法蒂奥

Martin Pebble, by Jean-Jacques Sempé

Paul Meets Bernadette, by Rosy Lamb

The Reluctant Dragon, by Kenneth Grahame, illustrated by Earnest H. Shepard

《逃家小兔》，玛格丽特・怀兹・布朗

The song of Delphine, by Kenneth Kraegel

宝藏之作

The American Story, by Jennifer Armstrong, illustrated by Roger Roth

The annotated African American Folktales, by Maria Tatar with Henry Louis Gates Jr.

The Brambly Hedge Treasury, by Jill Barklem

《好奇的乔治系列》，玛格丽特 & H. A. 雷

Maps, by Aleksandra Mizielinska and Daniel Mizielinska

*Norse Myths: Tales of Odin, Thor and Lok*i, by Kevin Crossley–Holland, illustrated by Jeffrey Alan Love

The World of Robert McCloskey, by Robert McCloskey

独辟蹊径，解决问题

The Arabian Nights, by Wafa'Tarnowska, illustrated by Carole Henaff

Anatole and the Cat, by Eve Titus, illustrated by Paul Galdone

The Donut Chef, by Bob Stake

The Duchess Bakes a Cake, by Virginia Kahl

The Dunderheads, by Paul Fleischman, illustrated by David Roberts

《很好吃》，布罗克・科尔

Stone Soup, by Marcia Brown

适合青少年的中长篇读物

Ash Road, by Ivan Southall

A Drowned Maiden's Hair, by Laura Amy Schlitz

《坟场之书》，尼尔・盖曼

《半个魔法》，爱德华・依格

The inquisitor's Tale, by Adam Gitwitz, illustrated by Hatem Aly

《爱德华的奇妙之旅》，凯特・迪卡米洛

A Tale Dark and Grim, by Adam Gidwitz, illustrated by Dan Santat

诗歌与童谣

17 Kings and 42 Elephants, by Margaret Mahy, illustrated by Patricia MacCarthy

Beastly Verse, by JooHee Yoon

A Child's Garden of Verses, by Robert Louis Stevenson, illustrated by Tasha Tudor

Life doesn't frighten me, by Maya Angelou, illustrated by paintings by Jean–Michel Basquiat

Orange Pear Apple Bear, by Emilly Gravett

《他们都看见了一只猫》，布兰登·文策尔

《小瓢虫听见了什么》，朱莉娅·唐纳森

找找看类

《鱼儿鱼儿散步去》，爱娃·穆更塔勒

《四季时光》，罗特劳特·苏珊娜·贝尔纳

《阿黛尔和西蒙》，芭芭拉·麦克林托克

One is Not a Pair, by Britta Tekkentrup

Undercover, by Bastein Contraire

《海象海象在哪里？》，斯蒂芬·萨维奇

Where's Warhol?, by Catherine Ingram, illustrated by Andrew Rae

真实故事

Dadblamed Union Army Cow, by Susan Fletcher, illustrated by Kimberly Bulcken Root

Josephine: The Dazzling life of Josephine Baker, by Patricia Hruby Powell, illustrated by Christian Robinson

《极地重生》，威廉·格利尔

《可伦波之狼》，威廉·格利尔

Sky Boys: How They Built the Empire State Building, by Deborah Hopkinson, illustrated by James E. Ransome

Strong Man: The Story of Charles Atlas, by Meghan McCarthy

Tiny Creatures: The World of Microbe, by Nicola Davies, illustrated by Emily Sutton

Wise Guy: The Life and Philosophy of Socrates, by M. D. Usher, illustrated by William Bramhall

情感类

Brave Martha, by Margot Apple

The *Funeral*, by Matt James

《大猩猩》，安东尼・布朗

Grumpy Bird, by Jeremy Tankard

Jabari Jumps, by Gaia Cornwell

Maybe a Bear Ate it! , by Robie H. Harris, illustrated by Michael Emberley

The Terrible Plop, by Ursula Dubosarsky, illustrated by Andrew Joyner

单词游戏类

The Alphabet Thief, by Bill Richardson, illustrated by Roxana Bikadoroff

Bashful Bob and Doleful Dorinda, by Margaret Atwood, illustrated by Dušan Petričić

Betty's Burgled Bakery, by Travis Nichols

Mirror, Mirror, by Marilyn Singer, illustrated by Jośee Masse

Mom and Dad Are Palindromes, by Mark Shulman, illustrated by Adam McCauley

Stegothesaurus, by Bridget Heos, illustrated by T. L. McBeth

《如果没有 A》，米夏埃尔・埃斯科菲耶

无字书

The Chicken Thief and *Fox and Hen Together*, by Beatrice Rodriguez

《小丑与农夫》，玛拉・弗雷奇

《小街的英雄》，格雷戈里・罗杰斯

Ice, by Arthur Geisert

Journey and *Quest* and *Return*, by Aaron Becker

《小红书》（全 2 册），芭芭拉・莱曼

《海浪》，苏西・李

适合大孩子的书

经典短篇故事

The body Snatcher, by Robert Louis Stevenson

Green Sealing Wax, by Colette

《冰雪女王》，安徒生

《沉睡谷传奇》，华盛顿·欧文

The Lumber Room, by Saki

《项链》，莫泊桑

《血字的研究》，阿瑟·柯南·道尔

《泄密的心》，爱德加·爱伦·坡

《生火》，杰克·伦敦

《大地惊雷》，查尔斯·波蒂斯

经典中长篇小说

《动物农场》，乔治·奥威尔

《圣诞颂歌》，查尔斯·狄更斯

《万能管家吉夫斯》，P. G. 伍德豪斯

《伊凡·伊里奇之死》，列夫·托尔斯泰

《化身博士》，罗伯特·路易斯·史蒂文森

《爱玛》，简·奥斯汀

《了不起的盖茨比》，F. 斯科特·菲茨杰拉德

《邪屋》，雪莉·杰克逊

图书在版编目（CIP）数据

魔法时刻：在注意力分散的时代大声朗读的神奇力量 / (美) 梅根 · 考克斯 · 戈登著 ; 薛玮译 . -- 太原 : 山西人民出版社 , 2021.10
ISBN 978-7-203-11812-1

Ⅰ . ①魔… Ⅱ . ①梅… ②薛… Ⅲ . ①儿童—阅读辅导—研究 Ⅳ . ① G252.17

中国版本图书馆 CIP 数据核字 (2021) 第 132410 号

魔法时刻：在注意力分散的时代大声朗读的神奇力量

著　　者：（美）梅根 · 考克斯 · 戈登
译　　者：薛　玮
责任编辑：任秀芳
复　　审：傅晓红
终　　审：贺　权
装帧设计：page11

出 版 者：山西出版传媒集团 · 山西人民出版社
地　　址：太原市建设南路 21 号
邮　　编：030012
发行营销：0351—4922220　4955996　4956039　4922127（传真）
天猫官网：https://sxrmcbs.tmall.com　电话：0351—4922159
E—mail：sxskcb@163.com　发行部
　　　　sxskcb@126.com　总编室
网　　址：www.sxskcb.com

经 销 者：山西出版传媒集团 · 山西人民出版社
承 印 厂：河北鹏润印刷有限公司

开　　本：655mm × 965mm　1/16
印　　张：16.5
字　　数：200 千字
印　　数：1—10000 册
版　　次：2021 年 10 月 第 1 版
印　　次：2021 年 10 月 第 1 次印刷
书　　号：ISBN 978-7-203-11812-1
定　　价：49.80 元